慎改康之
Yasuyuki Shinkai

ミシェル・フーコー

——自己から脱け出すための哲学

岩波新書
1802

ミシェル・フーコー

——自己から脱け出すための哲学

慎改康之
Yasuyuki Shinkai

岩波新書
1802

目　次

目次

目　次

序章　顔を持たぬために書くこと

フーコーとは誰か

ミシェル・フーコーとは何者なのか——これからフーコーを読み始めようかどうかと自問している人々の頭に最初に浮かぶのは、おそらくこの問いであろう。

これは、一見したところたやすく答えられる問いであるようにも思われる。というのも、ジル・ドゥルーズ、ジャック・デリダらとともに二十世紀後半のフランス思想を牽引したこの哲学者は、他にも増して、その強烈な個性によってしるしづけられている人物であるからだ。

剃り上げた頭、メタルフレームの眼鏡とともにすぐにそれとわかるその容貌、そしてその甲高い声。パリ高等師範学校で学びコレージュ・ド・フランス教授へと至るその輝かしい経歴。デモに参加したり、街頭で演説したり、場合によっては逮捕されたりという、社会的闘争における精力的な活動。その性的指向に伴う苦悩や歓び、麻薬の使用、さらにはエイズとの闘いなどといった、私生活における数々の逸話。そして最後にもちろん、「知」、「権力」、「自己との関係」という明快な三つの軸に沿って、狂気、病、言語、生命、労働、刑罰、セクシュアリティなどの問題を、もっぱら歴史的観点から次から次へと扱った一連の著作。このようにフーコーには、彼を識別し同定するために役立ちそうな特徴が豊富に見いだされるのであり、したが

ミシェル・フーコー(Jacques Haillot/Camera Press/アフロ)

って、彼ほどその肖像を描き出すことの容易な哲学者は少ないようにすら思われる。

ところで、フーコーによって語られたこと、書かれたことに実際に目を向けてみるとき、そこにただちに見いだされるのはまさしく、そのような識別から逃れようとする願望であり、そのような同定に抗おうとする身振りである。自分の名を伏せて対談に応じたり(『ミシェル・フーコー思考集成』285。以下『思考集成』と略記。続けて記されているのは収録テクストに付された通し番号)、哲学者辞典の自分に関する項目を匿名で執筆したり(『思考集成』345)、さらには、著者名を二度以上用いることを禁じることで著者と著作とを決定的に切り離すような法律の夢さえ語っているのだ(『思考集成』357)。そしてそうした身振り、そうした願望は、とりわけ彼の一九六九年の著作『知の考古学』のなかにはっきりと言明されている。私が誰であるかと訊ねないでほしい、私に同じままであり続けるようにと言わないでほしい、私は、おそらく他の多くの人々と同様に、もはや顔を持たぬために書いているのだ、と。

自分自身が何者なのかを決定されることのこの拒絶、自分自身であり続けないようにするためのこの努力を、いったいどのように理解すればよいのか。この問いに対して答えるために、その手がかりを与えてくれるように思われるのが、「好奇心」および「哲学」をめぐるフーコーの言葉である。

自分自身からの離脱

「好奇心」、そして「哲学」は、先に挙げた匿名での対談のなかで、次のようなものとして語られている。すなわち、「好奇心」とは、我々を我々に馴染み深いものから解き放し、同じ事物を別のやり方で見ようとする熱意であり、「哲学」とは、別のやり方で考え、別のことを行い、別の者になろうとする作業である、と。これを一九八四年の著作『性の歴史』第二巻『快楽の活用』の序論においてとり上げ直しながら、フーコーはあらためて次のように述べる。自分にとって「好奇心」とは、「自分自身から離脱することを可能にしてくれる」もの、つまり、自分がいつもとは異なるやり方で思考したり知覚したりできないだろうかと問うもののことである。そして今日において価値を持ちうる「哲学的活動」とはまさしく、そうした「思考の思考自身に対する批判作業」に他ならない。「別のやり方で思考することがどのようにして、そしてどこまで可能であるかを知ろうと企てること」、これが、思考における「自己の鍛錬」としての哲学の任務なのだ、と。

そして実際、そのように自分自身から身を引き離し、新たな仕方で思考を再開する術を探ろうとする努力は、フーコーの研究活動全体を貫いて、彼の一連の著作のなかに以下のとおり二重のやり方で表明されている。

一方において、フーコーは自らの歴史研究を、明示的なやり方で、我々が通常自明であると考えていることをあらためて問いに付すものとして差し出している。狂気はどのようにして精神の病と定義されることになったのか。死体解剖はどのようにして医学にとっての本質的任務となったのか。「人間とは何か」という問いが何よりも重要な問いとして価値づけられるようになったのはどのようにしてなのか。監獄への閉じ込めがかくも一般的な刑罰制度として確立したのはどのようにしてなのか。性の抑圧からの解放が急務であるという主張、性的欲望の秘密は我々自身の秘密を告げてくれるという仮説は、どのようにして生み出されたのか。要するに、歴史を辿ることによって、現在においてほとんど当たり前として受け入れられていることが過去においては決してそうではなかったことを示しつつ、新たなやり方で思考する術を探ること、これが、フーコーの哲学的歴史研究の任務であるということだ。

そして他方、フーコーにおける自分自身からの離脱の身振りは、彼の研究の絶えざる変貌というかたちでも示されている。一九五〇年代に開始されたフーコーの著作活動は、六〇年代の「考古学的」探究から七〇年代の権力分析へ、そしてそこから八〇年代の自己の技術をめぐる考察へと、研究の軸のたびたびの変更とともに進められていく。そのように多様な領域を次々に踏破していく彼のやり方にもやはり、絶えず自分自身を変化させることの希求が認められるということだ。実際、『快楽の活用』のなかで、「好奇心」および「哲学」が話題となるのは、『性の歴史』をめぐる研究計画の根本的な変更を何が動機づけたのかが問題となるときである。自分自身に馴染み深い領域にとどまり続ける代わりに、危険を冒して絶えず新たな探索へと足を踏み出し、それによって別の問題を別のやり方で考える術を探るという、こうしたやり方もまた、フーコーにおける優れて「フーコー的」な身振りなのである。

歴史に問いかけて現在を問い直すとともに、そうした歴史への問いかけを不断に新たなやり方で再開しようと力を尽くすこと。したがってこれが、「好奇心」によって導かれるものとしてのフーコーの「哲学的活動」である。本書の目標は、そうした彼の研究活動のなかで、自明性の問題化と研究の軸および内容の絶えざる変化が実際にどのように展開されているのかを描き出すことにある。そのために、彼の主著を時代順に扱いながら、以下のとおり考察を進めていく。

本書の構成

まず、六〇年代のフーコーの「考古学的」探究を、かつての彼自身が帰属していた思考の地平から身を引き離していくプロセスとして読み解いていく。第一章では『狂気の歴史』、第二章では『臨床医学の誕生』、第三章では『言葉と物』、第四章では『知の考古学』を、それぞれ中心に扱う。

次に、七〇年代の「権力」をめぐる研究の軸に関しては、六〇年代の「知」の軸とのあいだの関係を明確にしつつ、そこで具体的にどのような探究がなされているのかを見極める。第五章においては『監獄の誕生』、第六章においては『性の歴史』第一巻『知への意志』を主に検討する。

そして最後に八〇年代を第七章において扱う。性に関する研究計画の変更がどのようにして生じたのか、そしてそれがフーコーの探究にいかなる新たな領域を開いたのかということを、『性の歴史』の続巻に加えて、コレージュ・ド・フランス講義の記録にも問いかけながら探っていく。

フーコーは何を為したのか

このような企てにおいて本書が提出するのは、したがって、「フーコーとは誰か」という問いではなく、「フーコーは何を為したのか」という問いである。自分自身から身を引き離し、新たなやり方で思考を再開するために、彼はいかなる哲学的活動に身を委ねたのか。そしてそうした活動、そうした探究は、我々が今なおそこから学ぶことのできるようないかなる成果をもたらしたのか。こうした問いに答えようと試みることこそ、顔を持たぬために書いた哲学者の肖像をあえて描き出そうとすることよりもはるかに、フーコーへの「入門」を手助けするためにまず必要なことであろうと思われるのだ。

第一章　人間学的円環
――『狂気の歴史』とフーコーの誕生

現在の我々にとって自明であると思われていることを、歴史への問いかけによって問い直すこと。このようなものとして特徴づけられるフーコーの歴史研究が開始されるのは、一九六一年に博士論文としてソルボンヌ大学に提出された『狂気の歴史』以来のことである。

これに先立つ一九五〇年代にも、フーコーはすでにいくつかのテクストを発表していた。しかしそこで展開されていたのは、「フーコー的」な歴史研究とは全く異質な探究であった。それらのテクストには、六〇年代以降のフーコーの著作とのあいだの明らかな隔たりが示されている。その限りにおいて、それらはいわば、彼の研究活動の前史を構成するものであると言えるだろう。そして、そうした前史的テクストから身を引き離しつつ、新たな探究の始まりを告げるのが、『狂気の歴史』である。要するに、一九六一年のこのフーコーの「処女作」はまさしく、フーコーの自分自身からの離脱の努力における最初の契機、それもおそらくは最も根本的な契機を、はっきりとしるしづけているのである。

したがって第一章では、フーコー的な歴史研究の始まりそのものを、それを可能にした離脱の身振りとともに描き出すべく、次のような順序で考察を進めていくことにしよう。まず、五〇年代の「前フーコー的」テクストを概観し、そこでどのような問題が掲げられ、どのような探究がなされていたのかを確認する。次いで、『狂気の歴史』においてフーコーがいかなる歴史的考察を展開し、それがいかなるやり方でかつての自分自身との離別を示しているのかということを、一九六一年の彼のもう一つのテクストにも問いかけながら検討する。

1　心理学と人間学――「前フーコー的」テクスト

心理学者フーコー

一九五〇年代のテクストと一九六一年の著作とを、それらのあいだの隔たりを測りつつ検討するにあたって、まず指摘しておかねばならないのは、フーコーがそのキャリアを心理学者として開始したということである。

一九二六年に生を享けて以来、第二次世界大戦終結までをフランス西部の町ポワチエで過ごしたフーコーは、一九四六年、研究者養成のためのエリート校パリ高等師範学校に入学する。一九四八年に哲学の学士号をソルボンヌにて取得した後、その翌年に心理学の学士号を獲得。その後も心理学関係の複数の学位を得て、一九五一年より高等師範学校にて心理学の復習教師となり、一九五二年にはリール大学の心理学助手となる。さらには、五年間の国外生活を経て帰国し、一九六〇年から一九六六年まで教鞭をとるクレルモン＝フェラン大学において担当するのもやはり、心理学なのである。

そして実際、五〇年代のフーコーの一群のテクストに示されているのはまさしく、彼が心理学者として専心していた探究である。六〇年代以降の「フーコー的」歴史研究とは根本的に異質なその探究において、どのようなことが問題とされ、どのような考察が展開されていたのか。これを明らかに示すために、以下、とくに一九五四年に発表された比較的長い二つのテクストに注目しつつ検討していきたい。その二つとはすなわち、ルートヴィヒ・ビンスワンガー著『夢と実存』のフランス語訳に序論として寄せられた文章と、学生向けの叢書のために執筆された小著『精神疾患とパーソナリティ』である。

夢と実存

まず、『夢と実存』への序論(『思考集成』1)について。

ビンスワンガーは、ハイデガーの哲学に着想を得た「現存在分析」によって知られるスイスの精神病理学者である。その彼が夢について論じた小著をフランスに紹介すべく、フーコーは、旧知の仲であった精神医学者ジャクリーヌ・ヴェルドーによる翻訳作業に協力するとともに、本文よりも長いテクストを序論として寄せたのだった。

その序論の冒頭でフーコーが明言するのは、自分がこれから提示しようとしている分析が、自然のなかの他の存在とは根本的に区別されるものとしての人間存在を特権的な対象とするということである。ここで拠り所とされているのが、「世界内存在」としての人間の「実存」という、現象学的ないし実存主義的着想である。客体の一つとして世界のなかに投げ込まれているものであると同時に、世界へと向かって自らを主体的に投げ入れるものでもあるという、人間に固有の両義的な在り方が念頭に置かれているのだ。

そしてフーコーは、そのようなものとしての人間学的探究を、夢に問いかけることによって行おうとする。ビンスワンガーに倣い、彼がまず注目するのは、夢が、「私的世界」と呼びうるような何かであるということである。つまり、夢とは、一つの世界の形式を備えたものであると同時に、一個の主体にとって最も固有のものでもあるということだ。そしてここから、夢の経験は、人間の実存を意義深いやり方で告知するものとみなされることになる。すなわち、主体の自由と世界の必然とを同時に示すというその両義性によって、夢は、全面的に自由な人間主体が、必然性によって支配された一つの世界に自らを投げ入れるという、実存の「根源的な運動」を解読する手がかりを与えてくれるものとして価値づけられるのである。

では、夢をそのようなものとして読み解くためにはいかなる方法を用いればよいのか。フーコーは、夢を人間学的に解読するための自らのやり方を、精神分析学による夢解釈との対比によって示そうとする。

精神分析学は、覚醒した意識に与えられた夢の顕在内容から出発しつつ、帰納的なやり方でその潜在的意味を再構成しようとする。こうしたやり方に異を唱えながら、フーコーが主張するのは、夢の意味を内側から構成する表現のはたらきと、その意味を外側から指し示す指標的機能とを、互いに根本的に異なるものとして区別しなければならないということである。

ここでは、フーコー自身も明言しているとおり、「表現」と「指標」とのあいだの現象学的区別が念頭に置かれている。『論理学研究』において、フッサールは、意味を持つ記号としての「表現」と、それ自体としては意味を持たず、ある事物を指し示すことによりその事物の存在を意識が確信ないし推測するための動機づけに役立つにすぎないものとしての「指標」とを、厳密に区別する必要を語っていた。この「本質的区別」を拠り所としつつ、フーコーは、夢の「根源的意味」に到達するためには、外から内へと向かおうとする帰納的なアプローチとは別のやり方、夢の形成のメカニズムそのものを明らかにすることのできるようなやり方が必要であると強調するのである。

しかしそれでは、内から外へと向かうものとしての表現のはたらきを十全なやり方でとらえるには、いったいどのようにすればよいのか。というのも、夢は我々が眠っている状態において経験されるものである以上、覚醒した意識からは常にすでに逃れ去ってしまっているからだ。つまり、いずれにしても夢の分析は、その顕在内容から出発してしか行われえないのである。

こうして、この唯一の手がかりをもとにして夢の真の意味に到達することを可能にするような新たな方法が要請されることになる。帰納的方法とは別のやり方で指標を読み解くための方法、「表現作用をその完全なかたちにおいて復元するような解釈の方法」が必要となるのである。

そのような解釈の企てにおいて問題となっているのは、したがって、覚醒した意識が取り逃している夢の根源的な意味を意識のもとに回収しようと試みることである。ところで、喪失というネガティヴな契機から出発してそれを乗り越えることを目指すという、まさにこの点において、『夢と実存』への序論は『精神疾患とパーソナリティ』と交叉する。というのも、一九五四年のこのもう一つのテクストにおいて、精神の病に関する考察のなかで問われているのもやはり、失ってしまったものをいかにして取り戻せばよいかということであるからだ。ネガティヴな契機を起点として作動する弁証法的な運動が、二つのテクストをともに導くものとして見いだされるということ。そこで今度は、そのもう一つのテクストがいかなる分析を提示しているのか、見ていくことにしよう。

疎外と脱疎外

『精神疾患とパーソナリティ』は、高等師範学校時代のフーコーの恩師ルイ・アルチュセールの依頼により執筆された書物である。精神の病について問いかけ、それを克服する術を見いだすべく、この小著は、第一部において、まず精神の病がどのような心理学的要素から成るのかということについて検討し、次に第二部において、それを現実の社会におけるさまざまな矛盾の経験に結びつけようと試みる。

まず第一部について。フーコーはそこで、精神の病のメカニズムを、「退行」、「防衛」、「病的世界」という三つの心理学的要素によって特徴づける。「退行」とは、病のなかで、個人が心理学的発達における早い段階へと逆戻りすることを意味する。病者とは、いわば子供に戻った大人のようなものであるということだ。次に「防衛」とは、自らが適応することのできない現状に対して自分自身を守ることであり、これによって「退行」における現在から過去への逃避が起こるとされる。そして最後に、「病的世界」とは、自分自身にとってのみ近づきうるものであると同時に自分自身の放棄を含意するという、矛盾した統一性によって特徴づけられる世界のことである。あらゆる個人に備わっているはずの「防衛」のプロセスが病を引き起こすのは、一人の個人のうちに、完全な孤独と完全な客体性とに同時に支配されたものとしての「病的世界」が構成されるときに限られる、というわけだ。

病の三つの心理学的要素をこのように描き出した後、フーコーは、それらの要素の外的かつ客観的条件を検討する必要性を説く。すなわち、「病的世界」に引きこもることで人間が病者となるのだとしたら、そうした世界がどのようにして構成されるのかということを、現実の人間社会におけるネガティヴな経験との関連で考察しなければならない、と。そして第二部において実際にそうした考察が行われた結果、「退行」のプロセスに関しては、社会が子供の生と大人の生とのあいだに必要以上の距離をしつらえてしまったという歴史的事実との関連が指摘される。また、「防衛」は、競争や搾取、帝国主義や階級闘争などが示しているとおり、現実社会において人間同士が実際に敵対関係に置かれていることによって作動するものとみなされる。そして「病的世界」のなかに個人が閉じ込められるのは、機械的な合理性に支配された社会のなかで、人々が自らの自発性を失い、現実的拘束に服しているという現状によってもたらされる二次的な帰結とされる。精神の病は現実の社会における矛盾をその起源としているのであり、人間が病者となるのは、そうした矛盾によって引き起こされる葛藤を乗り越えることができないときであるということ。病の経験は、「人間が自らのうちの最も人間的なものを失う疎外の経験」に結びついているということだ。したがって、そのように失われてしまった「人間的なもの」を取り戻すこと、人間を「脱疎外」することが、病の克服のために必要なこととして要請されるのである。

人間学的思考

人間の実存の根源的運動を読み解くために、意識から逃れ去る夢の真の意味への到達を企てること。精神の病に打ち克つために、現実の社会のなかで失われてしまった人間性を取り戻そうとすること。人間が自らに関して喪失したものを回収するという目標をこのようにそれぞれのやり方で掲げることによって、二つの「前フーコー的」テクストは、それらがともに、当時のフランスにおいて支配的であった思潮に全面的に帰属しているということをはっきりと示している。

一方において、人間主体を絶対的な出発点としつつ人間の実存に関する問いかけを自らの任務として引き受けること、これは、すでに示唆しておいたとおり、サルトルが提唱したようなものとしての実存主義へと送り返される。いかなるやり方によっても前もって決定されてはいないという人間存在の在り方を「実存」として定義しつつ、そうした人間主体の全面的な自由を「あらゆる価値の基礎として肯定しなければならない」と説くサルトルは(「実存主義はヒューマニズムである」、『実存主義とは何か』所収)、第二次大戦前後のフランスにおいて圧倒的な支持を得て君臨していたのだった。

他方、現実の社会における疎外とその克服というテーマは、五〇年代のフランスにおいて一般に受け入れられていた人間主義的なマルクス読解を準拠としている。欺瞞に満ちたブルジョア社会のなかで人間は疎外されてしまっており、そのようにして失われた自らの人間性を取り戻すことこそが急務である、という主張こそが、マルクスの核心にあるものと広く理解されていたのである。

　しかし、主体性、意識、疎外と脱疎外といったテーマに彩られた思考、当時のフランスを席捲していた人間主義的ないし人間学的思考は、その後まもなく表舞台から退くことになる。サルトル的な実存主義ないし主体性の哲学は、とりわけ構造主義という新たな潮流の出現とともに、その求心力を失っていく。そして疎外論的テーマを中心に据えるマルクス読解に対しては、『精神疾患とパーソナリティ』の執筆をフーコーに依頼したアルチュセールその人によって、そうしたテーマがマルクスの初期の著作を支配するものにすぎず、後にマルクス自身によって捨て去られるものであることが示されるのである（「マルクス主義とヒューマニズム」、『マルクスのために』所収）。

　時代がそのように大きく動くなかで、いわばそれと連動してフーコーも、それまで自分が専心していたものとは根本的に異なる新たな探究に身を投じることになる。歴史に問いかけて自明性を問題化するという「フーコー的」な研究が開始されるということであり、そうした研究の最初の成果として世に出る書物、それが、一九六一年の『狂気の歴史』なのである。

2　理性、狂気、病——『狂気の歴史』

新たな問い

フーコーが『狂気の歴史』を執筆したのは、主に、彼が一九五五年から一九五八年までフランス会館館長として滞在したスウェーデンのウプサラにおいてである。医学史関連の膨大な文献を所蔵するウプサラ大学図書館に毎日のように通い、彼がこの土地を去るときには、原稿はほぼ完成していたという。次いで、ポーランドのワルシャワ、ドイツのハンブルクにおいて同様の職務に従事した後、一九六〇年にフランスに帰国した彼は、一九六一年、この書物を出版するとともに、ソルボンヌでの公開審査を経て博士号を取得したのだった。

『狂気の歴史』で問題とされているのは、『精神疾患とパーソナリティ』と同様、精神の病と歴史および社会との関係である。しかしそこでは、一九五四年の書物とは全く別の観点から、全く異なる分析が展開されている。精神の病が引き起こされる原因を社会のなかに探ろうとする代わりに、一九六一年の書物が新たに提出するのは、西洋において狂気と理性との分割はどのようにしてなされたのか、そしてその後、狂気はどのようにして病という唯一の形象に還元されてしまったのか、という二つの問いである。そしてそれらの問いに対し、フーコーはとりわけ、「古典主義時代」と呼ばれる十七世紀から十八世紀にかけての監禁制度の創設およびその変遷に注目しつつ答えようとするのである。

理性と狂気

まず、狂気と理性との分割について。フーコーによれば、西洋において両者が決定的なやり方で分離されたのは、十七世紀以来のことであるという。それまで、狂気を前にして、実は自分自身の方が正気を失っているのではあるまいかという疑念に常につきまとわれていた理性が、狂気のそうした脅威をついに完全に退けるようになるということであり、これを証言するものとして挙げられるのが、デカルトの『省察』に見いだされる狂気についての記述である。

フーコーが注目するのは、デカルトの「方法的懐疑」における夢の扱いと狂気の扱いとのあいだに見いだされる不均衡である。つまり、絶対に疑いえないものに到達するために、少しでも疑いうるもののすべてを偽とみなそうとする理性的な省察のただなかで、そのように省察している自分が実は夢のなかにいるかもしれないということは十分に想定可能とされているのに対し、その自分が狂気である可能性は、逆に、最初から排除されてしまっているということだ。

十六世紀の思想家モンテーニュは、自分自身の理性を信じて疑わないことほど狂気じみたことはないと語っていた。それはいわば自分自身の能力を神に匹敵するものとみなすことであり、この上なく愚かな錯覚に他ならない、と(『エセー』第二十六(二十七)章「真偽の判断を我々の能力に委ねるのは愚かである」)。これに対し、デカルトにおいては、理性に対して狂気が及ぼすものとしてのそうした脅威は消え去ってしまっている。方法的懐疑の手続きにおいて、狂気の危険は完全に払いのけられているということ。理性的省察の主体においては、狂気はあらかじめ理性の外に置かれているのである。

それでは、デカルト哲学に示されているようなものとしての理性の側のそうした確信は、いったいどのようにして得られたのか。かつては理性を絶えず脅かしていた狂気が、どのようにして理性とは全く関係を持ちえぬものとして追放されてしまったのか。こうした問いに対し、フーコーは、合理主義の進歩などといった紋切り型の説明を持ち出す代わりに、十七世紀に西洋社会に起こった一つの具体的な出来事に注目することによって答えようと試みる。理性的ならざるものの理性による完全な排除をもたらした重要な契機として彼が標定する出来事、それが、ヨーロッパ全土における監禁施設の創設である。

監禁制度の創設

フーコーによれば、十六世紀から十七世紀初頭にかけて、狂気は日常生活のなかでしばしば出会うものであったという。当時、狂者とされた人々は基本的に自由を享受し、そこかしこを徘徊していたのだ、と。

しかし十七世紀の半ばに変化が起こる。狂者たちは、当時大規模なやり方で創設された監禁施設のなかに、貧者、物乞い、性病患者、浪費家などと一緒に収容されることになるのである。我々から見ると雑多な人々を一緒くたに閉じ込めているようにも思われるその監禁措置は、実は、明確な基準にもとづくものであったとフーコーは言う。彼によれば、収容の対象とされたのは、当時形成されつつあった資本主義社会にとっての邪魔者とされた人々であった。つまり、富の生産、流通、蓄積に参加できない人々、労働という点において無力な人々が、社会における最大の悪徳を示す人々として閉じ込められたということだ。理性的と称する社会が自らにとっての他者とみなすものを排除するそうした具体的措置によって、狂気は理性との交流を断たれることになる。理性と狂気とのあいだの分割線が、まず、現実の社会空間において引かれたのだ。このようにフーコーは、デカルトに見いだされるようなものとしての理性の狂気に対する勝利の確信を、監禁制度の開始という歴史的出来事に送り返そうとするのである。

ところで、十七世紀に登場した監禁施設は、十八世紀半ばになると、政治的、経済的な理由によって徐々に解体され始め、そこに留め置かれていた人々は次々に解放されていく。しかしそのなかで、狂者だけが、家族や社会に対して危険であるとみなされることによって、以後もなお閉じ込められ続けることになる。そしてそれとともに、狂気の地位に再び大きな変化が生じる。すなわち、収容施設は今や精神病院となり、狂者は病者となるのである。

狂気と病

精神医学の歴史を科学の進歩や人間性の勝利という観点から辿り直そうとする人々は、好んで、十八世紀末における狂者の解放を語る。つまり、それまで雑多な人々から成る空間のなかに他と区別されることなく閉じ込められていた狂者たちが、そのような混乱した知覚からついに解き放されて、病者として人間的な扱いを受けるようになったのだ、と。

しかしフーコーによれば、実際に起こったのは逆に、狂者以外のすべての人々の解放であり、狂者による監禁空間の占有である。そして彼は、監禁制度の設立から崩壊へと至るこうした歴史的変容のうちに、かつては多様なやり方で経験されていた狂気がついに精神の病という唯一の形象に還元されてしまったその要因を見定めようとする。

まず、監禁空間が狂者専用のものとなるとともに、そこへの収容が、狂気の秘密を明かすと同時に狂気を治癒へと導くという医学的な価値を帯びていくということ。次に、そもそもは監禁の結果として狂者にもたらされた自由の喪失という状況が狂気の本質のようなものとみなされることになり、そこから、狂気が主体の自発性を喪失したものとして、つまりは単なる一つの客体と化してしまったものとして定義されるようになるということ。そして最後に、かつては身体の不調と切り離しえないものとしてとらえられていた狂気が、監禁制度において悪徳の一つとされたことによって、以後、もっぱら道徳的な欠陥として、つまり人間の内面における混乱として考えられるようになるということ。

要するに、監禁空間の再編成のなかで、狂気が医学化され、客体化され、内面化されるということだ。そうした変容によってこそ、狂気は以後、客観的に把握可能な精神の病として自らを差し出すようになるのだということを、フーコーは示そうとするのである。

とはいえ『狂気の歴史』は、狂気が全面的に病として定義されるに至る歴史的プロセスを、ただ単に制度上の変化との関連のみによって説明しようとしているわけではない。監禁空間の再編成によってもたらされた帰結について述べた後、フーコーは、狂気をめぐる新たな考え方が、実は、知に固有の領域における「一つの隠された整合性」を拠り所としていることを示そうとする。そして、そのようにして告発される整合性こそ、まさしく、「人間学的思考」の整合性に他ならない。つまり、五〇年代のフーコーのテクストがそれへの帰属を示していた思考の地平が、ここでは、検討に付すべき一つの問題として扱われているのだ。したがって今度は、その人間学的思考が、一九六一年のフーコーによってどのようなものとしてとらえ直されているのか、見ていくことにしよう。

3　狂気と人間の真理——人間学の問題化

人間学的公準

すでに見てきたとおり、フーコーによれば、十八世紀末に狂気は、人間の内面の次元に組み入れられると同時に、一つの客体として人間の視線に晒されるものとなる。このことを踏まえつつ彼が指摘するのは、そのようなものとしての狂気が、人間主体の認識にとって特権的な役割を果たすようになるということである。人間の主体性が自らを客観的認識にさらけ出す最初の契機として、狂気は、人間の内なる真実を外へと導くために役立つものとされるのである。「人間から真の人間へと至る道は、狂気の人間を経由する」というわけだ。

ところで、やはりフーコーが示したところによれば、そもそも狂気が単なる客体の地位へと追いやられたのは、狂気が、人間本来の主体性の喪失をその本質とするものとみなされるようになったことによる。したがって、人間の真理に達するためには狂気を経由する必要がある、とはすなわち、人間が自分の真の姿を見失い、自身にとって無縁な者になってしまったときに初めて、人間の真理が接近可能なものとなるということである。「真なる存在」としての人間は、「疎外という形態においてしか与えられない」ということ。人間の真理は、「すでにそれ自身とは別のものとなったときにしか表明されない」ということであり、したがって、その真理をとらえようとする任務は、そもそもの最初から、喪失したものの回収という形態を帯びることになるだろう。狂気を経由して真の人間に到達しようとする探究は、こうして、何よりもまず「脱疎外」を目指すものとして現れることになる。

明らかにわかるとおり、狂気と人間の真理との関係をめぐってフーコーが暴き出す以上のような思考の図式は、まさしく、五〇年代の彼自身が専心していた人間学的探究のうちに見いだされたものである。実際、『狂気の歴史』は、十九世紀以降に狂気が人間の認識のために果たすようになる役割が、一つの人間学的公準を準拠とするものであることを指摘している。十八世紀末頃に歴史的に構成されたとされるその公準とはすなわち、「人間存在は、一つの真理を、与えられると同時に隠されたかたちで、自らに固有に帰属するものとして保持する」というものである。人間は自らに固有の真理を確かに所持しているが、その真理は人間自身に対して常に自らを隠蔽しつつ示すという、この公準こそが、人間に関する探究において喪失したものの回収という任務を本質的なものとするとともに、狂気を、そうした任務のためにこの上なく有用なものとして呼び寄せるのだ。要するに、フーコーはここで、かつて自分自身が自らに引き受けていた人間学的任務を、歴史的な文脈のなかに位置づけながら問題化すべきものとして、とり上げ直しているのである。

ただし、『狂気の歴史』は、人間学的思考の公準およびその歴史性をこのように指摘しながらも、ではそれがどのようにして構成されたのかについては語っていない。歴史のなかで人間学的任務がどのようにして登場することになるのかということの問題に関して、フーコーが正面から取り組むのは、一九六六年の『言葉と物』においてのことである。

しかしながら彼は、一九六一年のもう一つのテクストのなかで、粗削りなやり方ではあるものの、一九六六年の著作をある程度まで先取りした考察を展開している。そのもう一つのテクストとは、博士号取得のための副論文の一部として『狂気の歴史』とともにソルボンヌに提出された、カントの『人間学』への序論である。当初は出版の対象とならず、二〇〇八年にようやく公刊されたこのカント論において、フーコーは、批判哲学と人間に関する反省とのあいだの関係を分析しつつ、カント以後の哲学のうちに、人間学的な問いが西洋の哲学的領野において絶対的特権を獲得した契機を見定めようとしている。

有限性の傷痕

『人間学』への序論において、フーコーは、カント以後の西洋哲学が陥ってしまっているという一つの錯覚を指摘する。その錯覚とは、カントが告発した「超越論的錯覚」から派生したものとしての「人間学的錯覚」である。

カントの批判哲学によって示されたこと、それは、我々が認識しうるのは感性的直観の対象としての「現象」のみであるということであった。我々にそうした対象を与えてくれる原因としての「物自体」については、我々はそれを決して知りえない。したがって、我々に課されているその限界を超えて「物自体」に接近しようとする企ては、「超越論的錯覚」として、すなわち認識の可能性の条件にかかわる錯覚として告発されることになった。しかしそれと同時にカントは、そうした錯覚が、我々にとって必然的に生じるものであるということも指摘していたのだった。

ところで、フーコーによれば、カントによって発見されたその必然性が、次第に、「有限性の具体的な傷痕のうちの一つ」として解釈されるようになっていくという。カントが認識にとって不可避なもの、「自然な(naturel)」ものとみなしていた錯覚が、「意味の地すべり」によって、有限な人間の「本性(nature)」としてとらえ直される。つまり、人間のその「本性」こそが、人間自身に対し、自らの有限な認識の彼方にある真理を求めて自らの限界を超え出ようと促すのである、というわけだ。絶えず人間から逃れ去りながらも人間を常に自らのもとに呼び寄せるという真理の在り方が、こうして、人間自身に由来するものとされるようになる。人間の「本性」として人間のうちに回収された超越論的錯覚が、いわば、「真理の真理」のようなものとして価値づけられるのである。

そして、まさしくここにもう一つ別の錯覚が、いわば超越論的錯覚の「裏面」のようなものとして生じることになる。というのも、今や「真理の真理」となった超越論的錯覚を説明するために、そうした傷痕を残した人間の有限性そのものへと遡ろうとする「反省的後退」が課されることになるからだ。

人間学的錯覚

今後問われるのは、人間が真理とのあいだに取り結ぶ関係の基礎にあるとされる有限性である。つまり、有限な経験に対して与えられるものの後方に、その経験を条件づけるものとしての根源的な有限性が探し求められるということだ。客体において認識しえないものに到達しようとする企てとしての超越論的錯覚が、こうして主体の側にずらされる。すなわち、問題になっているのはここでもやはり経験の限界を超え出ることであるが、それが今度は、主体の経験の基礎を問うために企てられるのである。客体との関係をめぐる問題から解放された後、西洋哲学はただちに主体性のなかに閉じ込められてしまったとフーコーは言う。「超越論的錯覚」の後を継ぐ「人間学的錯覚」のなかで、人間の有限性をめぐる際限のない問いかけが倦むことなく繰り広げられることになるのだ、と。

批判哲学と人間学的探究との深いつながりを指摘しながら、それをいわば肯定的なやり方でとらえていたのが、人間存在を「現存在(Dasein)」と名づけつつ卓越した分析を展開したことで知られるハイデガーである。『カントと形而上学の問題』のなかで、彼は、批判哲学から人間学への移行を必然的なものとみなすとともに、人間の根源的有限性の問題化を、カント哲学の「真の帰結」として価値づけていた。すなわち、「私は何を知ることができるか」、「私は何をなすべきか」、「私には何を希望することが許されているか」という、『純粋理性批判』、『実践理性批判』、『判断力批判』がそれぞれ提出した三つの問いは、自分自身の有限性をめぐる人間理性の関心にもとづくものであり、その限りにおいて、それらの問いは、カント自身が『論理学』のなかで述べていた通り、「人間とは何か」という第四の問いに確かに帰着させられうるのだ、と。

フーコーは、最晩年の対談のなかで、自身の哲学的形成におけるハイデガー読解の決定的な重要性を打ち明けることになる(『思考集成』354)。一九六一年の彼のカント論が提出しているのは、いわば、そのハイデガーに対する根本的な異議申し立てである。確認したとおり、フーコーは、有限性をめぐる人間学的問いかけの始まりを、批判哲学の必然的帰結とみなす代わりに、一つの錯覚によるものとして糾弾する。つまり彼は、そうした問いかけを、カントの批判によって禁じられた企てを主体の側において不当なやり方で価値づけ直そうとするものとして告発しているのだ。

人間存在の根源的有限性をめぐるこの問題を、フーコーは、『言葉と物』において、もはやカントおよびカント以後の哲学のみにかかわるものとしてではなく、西洋の認識論的布置一般にかかわるものとして扱うことになるだろう。西洋文化における「人間の出現」とそれに伴う「人間学の眠り」について語ることになるその一九六六年の著作に対し、一九六一年のカント論は、人間学的思考の歴史的形成に関する問いかけを開始することによって、その端緒を与えているのである。

一九五〇年代のフーコーが専心していたのは、人間主体から逃れ去るものの回収という任務によって特徴づけられるものとしての人間学的探究であった。これに対し、『狂気の歴史』は、狂気経験の歴史的変化を分析することによって、狂気に関する近代的な考え方と人間学的思考とのある種の共犯関係を明るみに出す。そしてその人間学的思考がどのようにして成立したのかということを哲学史的な文脈のなかで考察するのが、同年のカント『人間学』への序論である。一九六一年のフーコーの二つのテクストには、このように、かつての自分自身が帰属していた思考の地平を歴史への問いかけによって問題化しつつ、そこから身を引き離そうという身振りが、はっきりとしたやり方でしるしづけられているのである。

とはいえこれは、フーコーにおける自分自身からの脱出が、ここで一度に決定的なやり方でなされたということではない。というのも、一九六一年のフーコーには、人間存在に絶対的な特権を与えるような探究から距離を取ろうとする努力が明らかに示されている一方で、そうした探究の名残のようなものが依然として見いだされるからだ。ではその人間学的思考の残滓とはいかなるものであろうか。そしてそれが、後の研究のなかで、どのようにして払拭されることになるのだろうか。

第二章　不可視なる可視性

——『臨床医学の誕生』と離脱のプロセス

『狂気の歴史』は、一九六一年の出版当初からすでに大きな評判を得たわけではない。この著作が「反精神医学」の波とともに社会運動によって大々的なやり方でとり上げ直されるのは、まだしばらく後のことである。

しかしながら、幾人かの批評家や研究者たちは、フーコーのこの最初の主著に対してただちに大きな関心を示していた。一方において、モーリス・ブランショ、ロラン・バルト、ミシェル・セール、フェルナン・ブローデルらが、この著作に関する好意的な文章を残している。そして他方、フーコーの分析に対する根本的な批判を展開してみせたのが、ジャック・デリダである。高等師範学校時代にフーコーの生徒でもあった彼は、師も出席していたという一九六三年の講演のなかで(「コギトと狂気の歴史」、『エクリチュールと差異』所収)、『狂気の歴史』という書物の可能性そのものを問いに付したのである。

そしてこの一九六一年の書物は、後のフーコー自身にとってもやはり、問題を孕むものとして現れることになる。すなわち、狂気に関してそこで示されていた考えが、一九六九年の『知の考古学』において自己批判の対象とされ、さらには、その自己批判においてとくに標的とされていた『狂気の歴史』初版の序文が、一九七二年の再版の際に削除されることになるのである。

　ところで、そのようにフーコー自身によって告発される『狂気の歴史』の問題点がいかなるものであるのかと探ってみるとき、標定されるのはまさしく、五〇年代の彼の探究を特徴づけていた思考の図式である。つまり彼は、狂気に関する自らの歴史研究のうちに、人間学的思考に属する何かが依然として存続しているということを認めつつ、それを糾弾しているのだ。したがって、フーコーのかつての自分自身からの離脱は、一九六一年の著作において決定的に果たされたのではなく、その後も継続されるプロセスとしてとらえ直されねばならないだろう。

　そしてそうした離脱のプロセスのなかに位置づけられることによってとりわけ注目すべき著作として現れるのが、一九六三年の『臨床医学の誕生』である。というのも、医学の歴史を扱いつつそこでフーコーが展開している考察には、一九六一年の書物からのささやかな、しかし根本的な転回が見いだされるからだ。つまり、一九六三年の著作は、フーコーが自分自身から身を引き離す歩みにおける極めて重要な一歩をしるしづけているということだ。したがってこの章では、『狂気の歴史』のうちに標定される人間学的思考の名残がいかなるものであるのかをまず明らかにした後、『臨床医学の誕生』さらにはこれと同年に出版された『レーモン・ルーセル』にも問いかけながら、そうした名残との決別がそこにどのように示されているのかということについて、検討していこう。

1　疎外された狂気——人間学的思考の残滓

狂気それ自体

まずは、『知の考古学』においてなされることになる自己批判について見ておこう。『狂気の歴史』は、後のフーコーにとって、いかなる難点を孕むものとして現れるのだろうか。

自らの歴史研究に関する方法論的な考察を試みた一九六九年の著作において、フーコーは、狂気に関する「考古学的」研究に言及しつつ、そうした研究が、「狂気それ自体がかつてそうでありえた姿」を再構成しようなどと目指すものではないことを強調する。すなわち、理性的言説によってとらえられる以前に、原始的でひそかな経験に対してまず与えられるような狂気があると想定しつつ、それを再び見いだそうとするやり方は、「考古学」のやり方ではない、と。そしてこの記述に関してフーコーは、そこで問題とされているのが、『狂気の歴史』において明白なやり方で示されていたテーマ、それもとりわけその序文において何度も現れていたテーマであると注記している。実際、後に削除されることになるその序文において、彼は、自らの研究にとっての問題を、「知によるあらゆる捕獲以前の、生き生きとした状態における狂気それ自体の歴史」として提示していた。狂気の「野生の状態」を想定しつつそれに接近しようという企てが、そこでは確かに掲げられていたのである。

沈黙の考古学

そして、デリダによるフーコー批判が狙いを定めているのもまさにこの点である。一九六三年の講演において、デリダは実際、「狂気それ自体」の歴史を書くという企てのうちに、『狂気の歴史』という書物の「不可能性そのもの」を読み解こうとするのである。

「狂気それ自体」の歴史を書こうとすること、それは、デリダによれば、精神医学的ないし心理学的言語において狂気について語る代わりに、「狂気それ自体」によって語らせようとすることである。しかし、狂気「について」語る理性の言語を拒絶しつつ、狂気自身の言葉に耳を傾けるには、いったいどのようにすればよいのか。というのも、フーコーによれば、十八世紀末以来、理性によって客体の地位に貶められることで狂気からは言葉が奪われてしまい、まさしくそうした狂気の沈黙をその基礎として打ち立てられたのが「狂気について、、、、の理性の独白である精神医学の言語」であるからだ。したがって、「狂気それ自体」の歴史を書く、とは、フーコー自身も言うとおり、その沈黙に対して言葉を与えること、「沈黙の考古学」を企図することとなるだろう。

「理性の独白」を退けて狂気に言葉を返還しようという、『狂気の歴史』のそうした企図を、デリダは、そもそもの最初からその不可能性を運命づけられているものとみなす。というのも、たとえそれが理性による捕獲以前の狂気の歴史であるにせよ、何らかの歴史を書こうと企てるやいなや、結局は理性の側に立ち、理性の言語を用いるしかないからだ。実際、狂気を追放したとされる理性の言語から完全に自由になろうとするのならば、そのときには、自分自身も沈黙するか、もしくは、狂気とともに追放されるしかないだろう。

このように狂気の歴史を書くことそのものの問題点に言及した後、デリダは、フーコーのデカルト読解に関する分析へと移る。西洋における理性と狂気との分割が、方法的懐疑における狂気の排除のうちにしるしづけられているとするフーコーの主張について、デリダはそれを、「フーコーの企図全体の持つ意味」を集約するものとみなしつつ覆そうとするのである。この点に関して、フーコーは、一九七二年版の『狂気の歴史』に補遺として付された小論「私の身体、この紙、この炉」のなかで、デリダに対する反論を提示することになる。しかしその一方で、「狂気それ自体」の歴史を書くという企てそのものに関する批判に対しては、反論が試みられるどころか、まさにその同じ一九七二年版において、初版の序文の削除といういわば消極的な応答が示されるのだ。『知の考古学』における自己批判が示しているとおり、狂気自身によって語らせようという企図は、フーコー自身にとってもやはり、もはや受け入れがたいものとなるのである。

狂気の疎外

ところで、このように「狂気それ自体」の探究を廃棄することによって目指されているのは何かと言えば、それはまさしく、かつてのフーコー自身が帰属していた思考の地平からあらためて遠ざかることに他ならない。客観的な把握を逃れるものを想定しつつそれを何らかのやり方で回収しようという、『狂気の歴史』初版の序文に掲げられている企ては、実際、五〇年代のフーコーにおける人間学的探究の特徴として見いだされたものへと送り返される。人間の真理を、狂気においてそれが失われるというネガティヴな経験を介してとらえようとするやり方について、一九六一年の書物は確かに、それが歴史的に成立した一つの公準に依拠するものであることを示してみせた。しかしそのように人間主体を特権的対象とする探究が問題化される一方で、喪失したものの回収という弁証法的な図式そのものはそこにいわば無傷のまま残っている。そしてそれを明かしているのが、ポジティヴな認識を逃れる本質のようなものとしての「狂気それ自体」をめぐる記述なのだ。

そのようなかたちでの人間学的思考の残滓は、削除された序文においてのみならず、一九六一年の著作本論にも見いだされる。監禁空間の変容のなかで狂気に対する客観的視線が形成されるプロセスを分析しながら、フーコーは、「狂気は、それが受け取る客体の地位において、自分自身に対して疎外される」と語っている。実証主義的な心理学や精神医学の対象とされるのは、疎外された狂気にすぎない。したがって、狂気を脱疎外し、「狂気それ自体」を復元しなければならない、というわけだ。要するにここでは、喪失と回収の弁証法およびそれを要請するものとしてのネガティヴな契機が、依然として価値づけられたままなのである。

悲劇的構造

問題をより明確に把握するために、再び『狂気の歴史』初版の序文に目を移そう。「沈黙の考古学」という企図を提示した後、フーコーは、理性的なものと理性的ならざるものとのあいだの歴史を貫く対立に言及しながら、そうした対立の起源に遡ろうとする自らの試みを、ニーチェ的な問いかけに接近させることになる。すなわち、文化が自らにとっての外部となるものを創出しつつ排除する動きを歴史の誕生の地点そのものに見いだしつつ、それを、ニーチェが『悲劇の誕生』のなかで描き出していた「悲劇的構造」、つまりアポロン的な夢ないし仮象とディオニュソス的な陶酔ないし苦悩との対立およびその和解から成る構造に送り返そうとするのである。狂気をめぐる歴史的探究が、「ニーチェの偉大な探究の太陽のもとに、歴史の諸々の弁証法を悲劇的なものの不動の諸構造と突き合わせる」ことを目指すものとして価値づけられることになるのだ。

ところで、一八七二年刊行の『悲劇の誕生』は、まさしく、後にニーチェ自身による自己批判の対象となる著作である。このことに関して、フーコーと長年の友人でもあったジル・ドゥルーズは、一九六二年の著書『ニーチェと哲学』のなかで、『悲劇の誕生』が確かに前ニーチェ的な著作であることを強調している。すなわち、ニーチェのその処女作においては、「矛盾とその解決が依然として本質的原理の役割を果たして」おり、その限りにおいて、後のニーチェ哲学を特徴づけるものとしての「絶対的な反弁証法」がそこではいまだ形成されていないのだ、と。ネガティヴなものの力を称揚しつつ『狂気の歴史』が参照しているのは、まさにそうした前史的なニーチェである。一九六一年のフーコーにとって重要なのは、アポロンの下で唸りを上げるディオニュソスなのだ。そして、ニーチェが後に、自らの処女作にヘーゲル主義の臭いをかぎ取りつつそこから距離を取ろうとしたのと同様に、フーコーもやはり、後の研究において、ネガティヴな契機への訴えを退けることになるのである。

フーコーのニーチェへの傾倒は、彼自身および彼の友人たちによる数々の証言によって伝えられているのみならず、彼の研究そのもののなかにはっきりとしるしづけられている。系譜学や歴史をめぐる問い。認識および真理の問題化。神の死、そしてそこに含意される人間の死というテーマ。権力および意志に関する探究。ギリシア的生とキリスト教的生との対照。そしてそのように目に見えて明らかな負債に加えて、フーコーは、弁証法からの脱出というその身振りにおいてもやはり、ニーチェが進んだのと同様の道を歩む。ニーチェにおいて、アポロンとの弁証法的対立において示されていたディオニュソスは、後に、弁証法的否定に対立するものとしてのツァラトゥストラに合流することになる。そしてフーコーにおいては、ネガティヴなものの力がポジティヴなものの背後に追い求められる代わりに、新たなポジティヴィスムが、そうした任務そのものを問題化すべく掲げられることになるのである。

それでは、そのような転回はどのようにして起こるのだろうか。フーコーにおいてネガティヴなものによる魅惑が払拭され、喪失したものの回収という任務が決定的に放棄されるのは、どのようにしてなのだろうか。

この問いに対して答えるための手がかりを与えてくれるのが、一九六三年に出版される『臨床医学の誕生』である。というのも、近代医学の誕生に関する歴史的分析のなかで、この著作はまさしく、ポジティヴなものとネガティヴなものとの関係を、歴史的に成立したものとみなしつつ問い直しているからだ。すなわちそこでは、逃れ去るものを取り戻すことが企てられる代わりに、そうした企てを歴史的に可能にしたのはいったい何かということが問われているのである。

2　近代医学の成立──『臨床医学の誕生』

医学的視線の考古学

「医学的視線の考古学」という副題を付された『臨床医学の誕生』について、フーコーはそれを、『狂気の歴史』の「裁ち屑」のようなものとみなしていたという。実際、そこでは、一九六一年の書物に使用されていたのと同じ資料が多く用いられており、狂気に関して行われた考察が身体の病の領域へと拡張されただけであるようにも思われる。出版当初から現在に至るまでさほど大きな反響を得ることがなく、彼の主著のなかではおそらく注目されることの最も少ない書物であるとすら言えるこの著作のなかに、フーコーが自分自身から身を引き離すプロセスがどのようにしるしづけられているのか。この問いを念頭に置きながら、まずは、医学の歴史に関してそこで展開されている分析を辿っていこう。

臨床医学から病理解剖学へ

『臨床医学の誕生』が明らかにしようとしていること、それは、十八世紀末の西洋において実証的な医学がどのようにして成立したのかということである。

近代医学の成立は、一般に、身体への回帰という観点から説明されてきた。つまり、病める身体に対して直接注がれる視線、古くから医学の本質的道具であった臨床医学的視線が、その効力を再び取り戻したことによって、病の真理を知覚以前の空間に探し求めていた分類学的医学から、客観的な観察を拠り所とする実証的医学への移行が可能になったのだ、と。

これに対し、フーコーは、近代的な臨床医学がそのようにして登場したことを認めながらも、そのすぐ後に現れる病理解剖学こそが、医学の歴史に決定的な転機をもたらしたのだと主張する。すなわち、ただ単に病者に対する直接的視線が価値づけ直されるだけでなく、身体内部の探索が医学にとって本質的かつ必要な任務となったときに初めて、我々が現在知るような医学が成立したのだ、と。

それでは、そうした新たな任務はいったいどのようにして生じたのか。この問いに対してフーコーは、病の定義および死の概念をめぐる変化をその重要な契機として描き出しながら答えようとする。

表層と深層、生と死

『臨床医学の誕生』によれば、当時の臨床医学にとって、病とは症状の集合にすぎなかった。すなわち、身体の表面において観察される症状の展開それ自体が、病そのものとみなされていたということだ。したがって、医学の任務とは、目に見える表層において生起する現象を観察し、それをそのまま記述することであった。そしてその限りにおいて、死体を開いてその内部に視線を注ぐという解剖学的作業は、臨床医学にとって必要とされてはいなかった。もっぱら生ける身体において時間的に展開される現象に注がれていた臨床医学的視線は、非時間的な死体空間の調査とは無縁のものだったのである。

そして死の概念について言えば、死は当時、生と病に絶対的な終わりをもたらすと同時に、病的現象と同じやり方で身体を破壊するものとみなされていたという。そのため、死後の身体に残された痕跡について、それが病によるものなのか死によるものなのかを判別することはもはや不可能であるとされていた。つまり、死体は、いわば死と病とを混ぜ合わせることによって、臨床医の視線を欺くものと考えられていたということだ。

したがって、死体解剖が医学にとっての本質的な任務となるためには、病および死に関する以上のような考え方の根本的な刷新が必要であった。フーコーは、病理解剖学の登場が、実際に以下のような二重の変化によって可能になったことを示そうとする。

一方では、症状の時間的継起が、身体内部に標定されうる「病変」によって引き起こされた二次的な効果とみなされるようになる。すなわち、身体の表面に観察されるのは、もはや病そのものではなく、身体の深みにおいて起こった出来事に起因する現象にすぎないとされるということだ。以後、死体において空間的に特定されうるものこそが、症状が生じる出発点としての「原初的病巣」とされるようになるのである。

他方では、生そのものにおける死の不断の進行が、病的プロセスとは区別されるものとして発見される。死が、唯一の絶対的瞬間であることをやめて、時間のなかに分散されるということ。死は、もはや生を外から不意に襲うものではなく、生のなかに配分されているもの、生とのあいだに内的関係を持つものとしてとらえられるようになるということだ。そしてここから、そもそも生の根底には死があるという考え、生とは死への抵抗の総体であるという考えが生まれるとともに、死は、生の真理を語るための視点として役立つものとなる。死体を手がかりに病をポジティヴなやり方で解読しようという試みに対し、もう一つの正当化が与えられることになるのである。

病と死に関する考え方がこのように根本的に変化することによって、医学に対し、新たな任務が与えられることになる。病変こそが症状を説明するという考え、そして死によって生が支えられるという考えとともに、死体を開いて病の座を標定しようとするものとしての病理解剖学が医学にとって本質的な任務となるのであり、こうして医学は、ついに、実証的な探究としての地位を獲得するのである。

ところで、近代医学の成立を可能にしたものとして示されている以上二つの変容のうち、ここでまず注目したいのは、病をめぐる考え方の変化の方である。というのも、病の秘密が身体内部の空間に探られるようになるということに関する分析のうちにこそまさしく、喪失と回収から成る弁証法的図式の問題化を、つまりはフーコーのかつての自分自身からの離脱の身振りを見いだすことができるように思われるからだ。

3　終わりのない任務——離脱の決定的契機

不可視なる可視性

病の真理が、身体内部の「病変」のうちに宿るとみなされるようになるとともに、医学的視線は、表面に見えているものの観察から、深層に隠されているものの探索へと赴かねばならなくなる。このことを、一つの科学的発見の純然たる帰結とみなしてはならないとフーコーは言う。医学に新たな任務が課されるようになったのは、それまで病において不可視のままにとどまっていたものが、医学の理論的ないし技術的な発達によって目に見えるようになったからではない。というのも、病が身体の表面において展開されるものとしてとらえられていた限りにおいて、医師は、自分の目に直接現れるものを観察し、それを語ることで満足していたからだ。つまり、臨床医学的視線にとって、病のすべては身体の表層にあったということ、直接的に目に見えるものこそが病であったということであり、病のうちには視線に対して隠されたものなど何もなかったのである。

したがって、医学的視線に対し、表層から深層へという垂直の道が課されるようになったのは、それまで見えないものなどなかったところに、見えないものが、見えるものの内的骨組のようなものとして、歴史的に構成されたからである。見えるものと見えないもののあいだに新たな関係が結ばれたということ、新たな可視性の構造が成立したということだ。フーコーが「不可視なる可視性（*l'invisible visibilité*）の構造」と呼ぶその構造においては、真理が、宿命的に視線を逃れると同時にその視線を絶えず呼び求めるようなものとして想定される。逃れつつ呼び求めること、自らを隠しつつ示すことこそが、真理の本性のようなものであるとみなされるのだ。可視性の形態と真理の在り方との関係をめぐるそうした歴史的変化があったからこそ、表層から深層へ、見えるものから見えないものへ向かうという任務が、医学的真理の探究のために可能かつ必要となったのだということを、フーコーは示そうとするのである。

ところで、見えるものと見えないもののこうした絡み合いに関する記述において、『臨床医学の誕生』は、同年に出版されるフーコーのもう一冊の書物と交叉することになる。そのもう一冊の書物とは、奇想天外な作品と特異な手法とによって知られる作家レーモン・ルーセルに捧げられた著作である。

暴露と隠蔽

フーコーにおける文学の重要性は、とくに一九六〇年代に顕著なかたちで見いだされる。主著においてはラシーヌやディドロ、セルバンテスやサドなどが参照され、また、ブランショ、バタイユ、クロソウスキーらをはじめとする同時代のさまざまな作家についての評論も数多く残されている。

しかし、そのフーコーが一冊の書物をまるごと捧げたのはただ一人、ルーセルに対してのみである。そしてそのように特権的な地位を与えられた著作『レーモン・ルーセル』において、とくに注目すべきものとして扱われているのが、ルーセルの死後、一九三五年に出版された『私はいかにしてある種の本を書いたか』である（ミシェル・レリス『レーモン・ルーセル　無垢な人』所収）。

『私はいかにしてある種の本を書いたか』は、ルーセルが、自らのいくつかの作品のために使用した独特の「手法」を明かした書物である。作品のなかの数箇所が例として挙げられ、それがどのようにして書かれたのかということが説明されているのだが、しかしまさにそのことによって、読者には、他の箇所にも同様の秘密を探ろうとする意識が植えつけられる。そしてそれに加えて、「手法」が「ある種の本」にのみかかわるものとして提示されることで、ルーセルのそれ以外の作品にもやはり別種の手法が隠されているのではないかという疑念が生じる。秘密の開示が、それまで秘密などなかったところに秘密を生じさせるということ。それまで読者にとって完全に可視的なものであったテクストのうちに、不可視性が滑り込まされるのだ。そしてここから、見えるものから出発して見えないものを探り出すという、際限のない任務が生じることにもなるのである。

『レーモン・ルーセル』が、ルーセルの死後の開示がもたらすものとして明らかにするのは、したがって、『臨床医学の誕生』が医学の歴史のなかに見いだしたのと同様の変化である。見えるものの支えとしての見えないものの構成という、一方が歴史分析によって明るみに出した出来事を、他方は、文学作品をめぐる暴露と隠蔽の戯れのうちに標定しているのだ。

ネガティヴなものの力

では、一九六三年の二冊の書物において展開される以上のような分析は、『狂気の歴史』に見いだされた人間学的思考の名残の払拭をどのようにしるしづけているのだろうか。

『狂気の歴史』初版の序文において、「狂気それ自体」の歴史を書くという企てのなかで想定されていたのは、狂気に関してポジティヴなやり方で得られる知の背後に、そうした知を逃れつつそれを支える何かが執拗に存続しているということであった。これに対し、一九六三年のフーコーによって見えないものの産出が語られるとき、根本的に問いに付されるのは、ポジティヴなものがネガティヴなものによって必然的に裏打ちされているというまさにその想定である。見えないものが、見えるものに絶えずつきまといながらそれを支えるものとしてではなく、見えるものしかなかったところに後からもたらされた一つの効果にすぎぬものとしてとらえられるということ。要するに、かつてのフーコーを魅惑していたネガティヴなものの根源的な力が、一九六三年の二つのテクストでは失効してしまっているのである。

フーコーに見いだされる以上のような転回が、ニーチェにおける弁証法の廃棄と通じ合うものであるということについては、すでに述べておいたとおりである。ここでは、とくに可視と不可視の関係をめぐるフーコーの分析の射程をより明確に見極めるために、メルロ゠ポンティによってなされた哲学的考察との比較を試みてみたい。

メルロ゠ポンティは、高等師範学校の心理学復習教師として、後にはソルボンヌの心理学教授として、学生時代のフーコーを大きく魅了していたという。そのメルロ゠ポンティが可視と不可視の関係について深く考察しているのは、とりわけ、死後刊行の著作『見えるものと見えないもの』に収められた草稿においてである。そこでは、ポジティヴなものとネガティヴなものとが表と裏のように分かちがたく重なり合うという構造が、視覚の構造として、そしてさらには彼が「垂直性」と呼ぶ根本的な存在論的構造として提示されている。見えるものは、見えないものによって根源的に住み着かれている、というわけだ。そしてそれと同時にそこで想定されているのは、見えないもの、ネガティヴなものが、見えるもの、ポジティヴなものに対して持つ優位である。すなわち、「汲み尽くしえぬ深みの表面」であることこそが「見えるものに固有のもの」であり、これに対して見えないものの方は、見えるものが顕わにすると同時に隠蔽する「内的骨組」であり、見えるものの「潜勢力」なのだ、と。

ところで、このように見えないものを見えるものの「内的骨組」ないし「潜勢力」とみなしつつ、そうした「垂直性」を根源的なものとして価値づけるやり方こそまさしく、フーコーがかつて自らに引き受けていたものであり、そして一九六三年の著作において根本的に問題化することになるものに他ならない。

見えないもの、ネガティヴなものが、見えるもの、ポジティヴなものに対してある種の構成的な力を保持しているという想定のもとに、後者から前者へと赴こうと企てること。これが、五〇年代から『狂気の歴史』に至るまでフーコーが専心していた任務であった。これに対し、『臨床医学の誕生』および『レーモン・ルーセル』は、そうした任務を、後から構成された一つの可視性の形態によって要請されるものとして描き出す。見えるものと見えないもの、ポジティヴなものとネガティヴなものの関係が、根源的なものとして引き受けられる代わりに、問いに付すべき一つの問題としてとらえ直されるようになるのだ。視線から逃れ去るもの、ポジティヴな把握から失われたものを回収しようとする弁証法的任務が、こうして、その起点を失うことになるのである。

事物の暗い核

もっとも、ここで次のような疑念が生じるかもしれない。すなわち、フーコーが医学や文学に関して語っていることを、そのまま哲学的なレヴェルにおいて価値づけてよいのだろうか、と。

実際、『レーモン・ルーセル』は、あくまで文学作品における暴露と隠蔽の戯れを扱ったものであるし、『臨床医学の誕生』が医学に関して展開している歴史分析は、もっぱら身体という感覚可能な空間における表層と深層との関係にかかわるものである。つまり、見えないものの構成に関するフーコーの分析は、言語のレヴェルにおける秘密のみを扱っているか、あるいは単に事実上の可視性にのみ狙いを定めているかであるようにも思われるということだ。

しかし見誤ってはなるまい。というのも、見えるものと見えないものとの関係をめぐる考察は、『臨床医学の誕生』の序文において、確かに哲学的射程を持つものとして提示されているからだ。すなわちそこでは、可視と不可視とのあいだの関係が「あらゆる具体的な知にとって必要なもの」としてとらえられるとともに、その関係が十八世紀末に変容することによってこそ知の新たな任務が生まれたのだということが語られているのである。

フーコーによれば、十七世紀から十八世紀にかけての西洋では、光においてこそ事物がその本質に適合するとされ、見るという行為は、その光のなかで自らを消し去ることをその到達点とするものとみなされていたという。しかし十八世紀末になると、事物と視線と光とのこのような関係が根本的に変容する。以後、事物は自分自身の暗がりのうちに閉じこもり、光は完全に視線の側に移ってしまう。自分自身の明るさを頼りに事物を経めぐり少しずつ事物のなかへと侵入していくものとしての視線こそが、「事物の夜」を照らし出す役割を担うことになるのである。真理が、深みにあって目に見えないものの側へ、「事物の暗い核」へと後退すると同時に、経験的視線が至上の力を得るということ。そしてその視線を逃れ去りつつそれを呼び求める「客体の執拗かつ越えがたい厚み」を前にして、視線は、それを踏破し統御するという「終わりのない任務」に身を委ねるようになるということ。要するに、『臨床医学の誕生』本論のなかで医学に関して語られることになる問題が、序文において、西洋の知一般にかかわる問題としていわば先取りされているのだ。

したがって、見えるものと見えないものとの関係について一九六三年のフーコーによってなされた分析は、確かに、かつての彼自身が帰属していた思考の地平を標的とするものであると言えるだろう。視線を逃れ去るものにこそ、視線に対して与えられるものの秘密が潜んでいるとする想定が、歴史的に限定可能な思考の構造にもとづくものとして明かされる。そしてそれとともに、そのように逃れ去るものを回収しようとする「終わりのない任務」が、今や全面的に退けられることになるのである。

『狂気の歴史』は、「狂気それ自体」への接近という企てのなかに、人間学的思考を特徴づけるものとしての弁証法的図式を無傷のまま保持していた。その図式が、『臨床医学の誕生』と『レーモン・ルーセル』によって根本的に問題化される。すなわち、それらの著作はともに、喪失したものの回収という任務を発動させるものとしてのネガティヴなものの力が、実は根源的なものではなく、後から構成されたものであることを示すのである。見えるものと見えないものとの関係についての考察を深めることによって、一九六三年のフーコーは、自分自身からの離脱のプロセスにおける決定的な一歩を踏み出しているのだ。

そして、かつて自分が帰属していた人間学的思考の地平をこのように問いに付した後、フーコーは、そうした思考の地平がいったいどのようにして構成されたのかということを明示的なやり方で問うことになる。ポジティヴなものとネガティヴなものとの垂直的な関係は、歴史のなかでどのようにして成立したのか。そしてそこから、至上の主体であると同時に特権的な客体でもあるようなものとしての人間が、西洋の知のなかにどのようにして登場することになったのか。こうした問いに答えようと試みるのが、「人間諸科学の考古学」という副題を持つ一九六六年の著作『言葉と物』なのである。

第三章　人間の死——『言葉と物』

一九六六年に刊行された『言葉と物』は、難解な専門書であるにもかかわらず大反響を得て、商業的にも華々しい成功を収めることになった。

フーコーの名をついに広く世に知らしめることになった彼のこの三冊目の主著において、とりわけ注目されたのが、「人間の終焉」ないし「人間の死」という挑発的なテーゼである。「人間」はごく最近の発明品にすぎず、いずれ波打ち際に描かれた砂の顔のように消え去るであろうという、いたるところで繰り返し引用されたこの宣告とともに、フーコーは、いわば時代の寵児としての地位を確立することになる。

「人間」をめぐるそのような主張が、ある意味において待ち望まれたものであったということについては、またあらためて立ち戻ることにしよう。ここで第一に注目したいのは、そうした主張によって、この著作が、フーコーの人間学的思考からの離脱のプロセスのなかに明確に位置づけられるということである。すなわち、西洋における「人間」の登場およびその間近な死について語ることによって、『言葉と物』は、自分自身がかつて囚われとなっていた思考の地平を歴史的探究の直接の標的とするとともに、それがいかなる難点を孕むものであるのかを明らかに示そうとしているのだ。

一九六六年のフーコーが、「人間」に関するどのような歴史的分析を展開しているのかということについて、以下、それまでの彼の「考古学的」探究の成果との関係を明確にしつつ考察を進めていこう。

1　無限と有限――現象学との対決

有限性をめぐる逆転

『言葉と物』を、六〇年代のフーコーの一連の探究のなかに位置づけながら読み解くための足がかりを得るために、死の概念の歴史的変化に関する『臨床医学の誕生』の分析をここであらためてとり上げ直すことにしたい。というのも、一九六三年の書物は、実はこの変化についても、可視性の形態の変容についてと同様、西洋における一般的な認識論的出来事を含意するものとして語っていたからだ。そして、有限性の地位向上と呼ぶことのできるその出来事こそまさしく、一九六六年の『言葉と物』において、人間学的思考の歴史的成立のための重要な契機として詳細な分析に委ねられるものなのである。

前章で見たとおり、『臨床医学の誕生』において、死の概念の変化は、可視性の形態の変容とともに、実証的医学成立の要因として挙げられていた。すなわち、それまで生を外から不意に襲う絶対的瞬間として考えられていた死が、十八世紀末になると、生の根底に横たわるもの、生とのあいだに内的関係を持つものとみなされるようになるということだ。こうした変化を、一九六三年の書物の結論部においてフーコーは、西洋の知全体にかかわるものとしてあらため てとり上げ直す。すなわち、死が生および病のあらゆる現象にとっての基礎として見いだされるようになるということの出来事が、有限と無限との関係の逆転という、西洋文化にとって根本的な重要性を持つことになる認識論的変動に送り返されるのである。

十七世紀から十八世紀にかけての思考にとって、有限性は無限の否定以上の意味を持ちえなかったとフーコーは言う。つまり、人間が有限である、という言明は、神の全能に対する人間の無能力を指し示すものにすぎなかった、と。しかし十八世紀末以来、その人間の有限性に対してポジティヴな意味が付与されることになる。すなわち、死をその最も明白な形態とするものとしての人間の有限性が、人間存在に固有のもの、人間存在の基礎をなすものとして見いだされるのである。

有限性と現象学

ところで、十八世紀末に無限と有限との関係が逆転するということ、これは、哲学史的には、いわばある種の定説に属するものである。そしてそうした逆転を哲学に根本的な打開をもたらしたものとして承認しつつ、そこから出発して自らの哲学的探究を展開するのが、すでに参照してきた二人の現象学者、メルロ＝ポンティとハイデガーに他ならない。

一九四五年の著作『知覚の現象学』において、メルロ＝ポンティは、デカルトが有限性について十全に思考しえなかったことを強調していた。十七世紀の哲学者デカルトは、人間の有限性に何らのポジティヴな意味も認めなかった。そのため彼は、人間の思考をその有限な思考そのものから出発してとらえることができず、「絶対的に自己を所有している思考」、つまり無限なる神の思考によってそれを支えることになってしまった。デカルト哲学は、無限についての独断論に立脚していたのであり、それゆえに、有限性を根源的なものとしてとらえるには至らなかったのだ、と。こうしてメルロ＝ポンティは、デカルト的反省について、それは「完成した意識化ではない」と断ずることになるのである。

それでは、そうした「意識化」の完成はどのようにしてなされるのか。この問いに対して一つの回答を示したのがハイデガーである。第一章で確認したとおり、『カントと形而上学の問題』においてハイデガーは、カントの三つの「批判」において提出された三つの問いのすべてを、自分自身の有限性に対する人間理性の関心にもとづくものとして示していた。ところで、その有限性は、その問いによって問われている対象であると同時に、人間がそうした問いを発することを可能にするものでもある。つまり、人間が、自らの能力、義務、希望について問うことができるのは、人間が全能でもなく、完全でもなく、無欠でもない存在である限りにおいてであるということだ。自らに固有のやり方で有限であることが、カントとともに、人間の経験の基礎にあるものとして承認されるということ。「人間とは何か」という問いとともに、有限性が「今や初めて問題となりうる」、というわけだ。

メルロ＝ポンティは、十七世紀の主知主義的思考を無限の形而上学に依拠するものとみなしつつ、そうした形而上学を乗り越えることによって、人間の有限な知覚を根源的な認識としてとらえ直そうと試みる。他方、ハイデガーは、十八世紀末以来、人間における有限性が、構成的なもの、基礎をなすものとして登場すると同時に、知の特権的な対象となったことを確認しつつ、「現存在の形而上学」へと導かれることになる。要するに、彼らは、有限性をめぐる逆転という出来事を「意識化」の完成として語りつつ、それが彼ら自身の現象学的探究を大きく方向づけたものであるということを、ともにはっきりとしたやり方で認めているのである。

フーコーと有限性

以上を踏まえた上でフーコーに戻ろう。十八世紀末における有限性の地位向上について、彼は、一九六一年のカントの『人間学』への序論においてすでに、それを西洋の哲学的思考にもたらされた大きな断絶とみなしつつ次のように語っていた。すなわち、カント以来、人間の有限性は、人間における基礎的、根源的な何かに結びつけられることになるのであり、ここから、そのような有限性に狙いを定めるものとしての人間学が、「人間にとってその認識を基礎づけると同時に限界づけるものについての学」として姿を現すのだ、と。そして一九六三年の『臨床医学の誕生』は、すでに見た通り、有限性をめぐる逆転という出来事を、もっぱら死の概念の変化とのかかわりにおいて語っていた。しかしそれらのテクストはいずれも、いわばその出来事を通説として述べるのみにとどめており、それを歴史的分析の直接の対象としていたわけではなかった。

これに対し、この問題を正面からとり上げることになるのが、一九六六年の『言葉と物』である。有限性をめぐる逆転がどのようにして起こったのか、そしてその出来事がどのような帰結をもたらしたのかということが、西洋の認識論的布置の変容に関する探究において明示的なやり方で問われるのである。

そしてその際にフーコーによって示されるのが、メルロ＝ポンティとハイデガーに見いだされたものと真っ向から対立する見解である。一方において、メルロ＝ポンティがその欠陥を指摘した古典主義時代の思考には、それに固有の整合性が見いだされる。そして他方、ハイデガーを「現存在」の分析へと導いた人間学的問いかけは、一つの錯覚ないし発明を含意するものとして暴き出される。要するに、『言葉と物』においてフーコーは、無限の形而上学のもとで見誤られていた根源的有限性がカントとともについに「意識化」されたのだ、ととらえる代わりに、そうした有限性が実は歴史的な構成物であるということ、そしてそれが思考をある種の眠りに導くものでもあるということを明らかにしようとするのである。

そこで以下、一九六六年のこの著作について、とくに有限性の問題に関するその分析に焦点を定めながら検討していくことにしよう。

2 エピステーメーとその変容——類似、表象、人間

類似の解読から表象の分析へ

フーコーは、ある特定の時代のさまざまな科学的言説のあいだに見いだされる諸関係の総体のことを、知識、理解などという意味を持つギリシア語を用いて「エピステーメー」と呼ぶ。『言葉と物』においてフーコーが問うのは、そのエピステーメーが、ルネサンス期以降の西洋においてどのように変容してきたのか、そしてそうした変容のなかでどのようにして人間が自らに固有の有限性を携えて出現したのかということである。

フーコーはまず、ルネサンス期のエピステーメーを、「類似」がそこで果たしていた支配的な役割によって特徴づける。すなわち、そこでは、世界のあらゆる事物が類似関係によって互

いに指示し合っているとみなされていたのであり、そうした類似関係の解読を次から次へと進めていくことこそが知に課された任務だったのだ、と。

これに対し、十七世紀になると、類似はそのような特権的な地位を失い、むしろ、人を欺き、錯誤や錯覚に導くおそれのあるものとみなされるようになる。つまり、古典主義時代の知にとって、類似とは、それ自体として探し求められるものではなく、同一性と差異を明確に識別するために検討に付されるべきものとなるのだ。

そして、そのとき西洋に出現する新たな任務を、フーコーは「表象の分析」として特徴づける。表象を分析する、とは、目の前あるいは精神の前に現れる像としての「表象」に記号を与えつつ、それを同一性と差異にもとづいて秩序づけることである。そうした探究が古典主義時代において具体的にどのようなかたちをとったのかということを、一九六六年の著作は、とくに言語、自然、富という三つの領域に関しておおよそ次のように示す。

まず言語に関しては、「一般文法」と呼ばれる探究が現れる。言語の本質は名指すことであるという公準のもとに、ここで問われるのは、語はどのようにして表象に名を与えるのか、そして、同時的に与えられる表象を継起的な言説によって示すために語はどのような順序で並べられるのかということである。次に自然に関しては、「博物学」。これは、あくまでも可視的な特徴にもとづいて、まず自然の諸存在に名を与え、次いでそれらを同一性と差異の体系のなかに位置づけつつ分類しようとするものである。最後に、「富の分析」。ここでの問題は、富を交換可能なものとすべく貨幣を富の記号として定めるとともに、そうした表象関係を、貨幣の総量を富の総量に対応させるというやり方によって秩序づけることである。

言語、自然、富に対して記号を与えつつそこに秩序をもたらそうという、以上のような企てにおいて、問題となっていたのは常に、表象に与えられたものから出発してそれを分析することであった。つまり、古典主義時代の思考は常に表象空間の内部において展開されていたということであり、そうした思考にとって、表象の「外」は存在しなかったのである。

なお、フーコーは、そのようなものとしての古典主義時代の表象空間を見事に描き出している絵画作品として、ベラスケスの『ラス・メニーナス』を挙げている。

このバロック美術の巨匠による一六五六年の作品には、中央の幼い王女、それを取り囲む侍女や廷臣たち、画面左側で絵画を制作中の画家、後方の鏡に映し出された国王夫妻、その隣にある扉の入り口からその情景を見ている闖入者といった、さまざまな人物像がひしめいている。そうした形象の一つひとつを、絵の構成と関連づけながら言葉によって丁寧に辿った後で、フーコーがとりわけ注目するのは、絵画の外に身を置いて絵画を可能にしているはずの三人の人物が、ことごとく絵画空間の内部に招き入れられているということである。すなわち、絵を描く画家、描かれるモデル、絵を見る鑑賞者という、絵の外部の同じ地点から絵に視線を投げか

ディエゴ・ベラスケスによる絵画「ラス・メニーナス（女官たち）」

けつつ絵の構成を決定している者たちが、作品のなかに描かれている画家、鏡像、闖入者のそれぞれに投影されているのだ。あたかも、すべてが絵画空間の内部に誘い込まれ、表象の外部が省略されようとしているかのようであるということ。

こうしてフーコーは、ベラスケスのこの作品のなかに、「古典主義時代の表象の表象のようなもの」を見いだすことになるのである。

フーコーにとっての文学の重要性については、すでに指摘しておいたとおりである。これに加えて、絵画もやはり、彼の研究活動においてしばしば注目すべき分析の対象とされているということについて、ここで一言触れておきたい。『狂気の歴史』においてすでにフーコーは、ヒエロニムス・ボスやブリューゲル、ゴヤなどの作品のなかに、それぞれの時代の狂気経験を描き出すための手がかりを見いだしていた。また、シュルレアリスムの画家ルネ・マグリットに対しては一九七三年に一冊の小著を捧げているし(『これはパイプではない』)、マネに関する意義深い講演の記録も残されている(『マネの絵画』)。見えるものと言い表しうるものとの関係をめぐる問題がフーコーにとって本質的なものであるということ。これは、ドゥルーズが、一九八六年の著書『フーコー』において指摘していることである。この問題に焦点を定めてフーコーを読み解こうとするとき、彼の絵画論は、見ることと語ることとの交叉がそこでしばしば主題として扱われているという点において、そしてそもそも絵画を論じることそれ自体が見えているものを語ろうとする企てに他ならないという点において、多くの示唆を与えてくれるだろう。

「人間」の不在

本題に戻ろう。古典主義時代のエピステーメーを検討することによって確認できたのは、当時の思考が、常に表象空間の内部にとどまるものであったということである。ここから、人間を、自らに固有の有限性を自らの経験の基礎とする者として思考することが、当時においてはなぜ不可能であったのかも理解される。

事物の存在を表象の外部に想定することがなかった古典主義時代の思考にとって、事物と表象とがどこでどのようにして結びつくのかという問いは無用のものであった。つまり、その思考にとっては、表象を自らのために構成する者としての人間は不在であったということだ。そしてそのように表象を基礎づける者の存在が問題にならない以上、そうした存在に固有の有限性も問題とはなりえなかった。有限なる存在者であるという事実は、無限ではないということ以上の意味を持ちえなかったのである。構成的なもの、根源的なものとしての有限性は、表象空間の内部において全面的に展開される古典主義時代の思考のなかに、自らの場を持つことができなかったのだ。

メルロ＝ポンティは、デカルト的反省が人間の有限性にポジティヴな意味を認めていなかったことを、無限についての独断論にもとづくものとして糾弾していた。これに対し、フーコーは、古典主義時代の知に特有の整合性を見いだしつつ、有限性を構成的なものとみなす可能性が、そうした整合性によってそもそもの最初から排除されていたことを示す。彼は、十八世紀末以前に根源的な有限性が思考されなかったことを、「意識化」の未完成ではなく、当時の認識論的布置における一つの必然的な帰結とみなすのである。

人間における有限性がポジティヴな意味を獲得し、人間にとっての最も近しい関心の対象となりうるためには、したがって、古典主義時代のエピステーメーに根本的な変換が生じる必要があった。フーコーによれば、そうした変換は、十八世紀末に二つの段階を経て起こったという。

深層の発明

まず、第一段階においては、先に述べた三つの領域において表象の分析に専念していた三つの探究のそれぞれに対し、表象の外から自らの秩序を課すものが出現することになる。

一般文法に対しては、文法的な語形変化としての「屈折」という要素が、語の指示能力に還元することのできない言語の内的メカニズムの存在を示すものとして登場する。博物学においては、生きるという目的のための機能上の従属関係にもとづいて階層化された「有機構成」が、表面において可視的な特徴を身体の不可視の厚みにおいて支えるものとして見いだされる。そして富の分析においては、それまで交換可能な富の一部をなすにすぎぬものとみなされていた「労働」が、あらゆる交換を通じて同一にとどまる絶対的な計量単位として明かされる。

要するに、表象の分析を可能にする条件が、今や表象の外部に見いだされるようになるということだ。こうして表象空間はその自律性を失い、事物は自らに固有の厚みを獲得する。表象にとっては外的であるような事物のこの内的空間、還元不可能な力の貯蔵庫としての「深層」こそ、十八世紀末における最も重要な概念上の発明品の一つに他ならないとフーコーは言う。事物は自らの不可視なる厚みのうちに引きこもり、それとともに、知覚可能な秩序の方は「一つの深層の上の表面的なきらめき」にすぎないものとなる。可視と不可視との新たな関係を基礎づけるものとしての「晦冥な垂直性」が、ここに創設されるのである。

ところで、深層の発明に関する『言葉と物』のこのような記述は、『臨床医学の誕生』において、十八世紀末における新たな可視性の形態の成立として語られていたことに正確に呼応している。すなわち、見えるものと見えないものとの関係が変容し、真理が「事物の暗い核」に住まうようになるという、一九六三年の著作が実証的医学の誕生と関連づけながら言及していた出来事が、表象空間からの事物の後退としてあらためてとり上げ直されているのだ。フーコーが明らかにしようとしているのは、ここでもやはり、可視的なものの支えとしての不可視なるものが歴史的に構成されることによって初めて、表面に現れているものが深層に隠されたものへと絶えず送り返されるようになるということなのである。

とはいえ、そのようなものとしての深層の発明は、最初の段階においてはいまだ決定的な帰結には至らない。というのも、言語、自然、富に関する探究は、依然として、表象に記号を与えてそれを秩序づけることを自らの任務としていたからだ。つまり、この段階では、表象に還元することのできない要素が見いだされたにもかかわらず、そうした要素を表象の内部に統合するための努力がなされていたということだ。

これに対し、変換の第二段階においては、表象の分析がついに完全に放棄されるとともに、三つの領域のそれぞれにおいて以前とは根本的に異なる探究が開始されることになる。言語に関しては、名指すことこそが言葉の本質的役割であるという公準が放棄されて、各々の言語体系に属する各々の語が互いに結びつけられるやり方についての探究、純粋に文法的なものの次元に関する探究が創始される。また、自然の諸存在は、表面において目に見えるものから出発してではなく、知覚に与えられることのない機能上の統一性から出発して研究すべきものとなる。そして、あらゆる価値の源泉としての労働が発見され、それが富の交換可能性の基礎とみなされるようになることで、貨幣と富との表象関係についての理論は、生産の理論によって取って代わられることになる。

したがって以後、問題は、表象に記号を与えつつそれを秩序づけることではなく、表象の外から表象を条件づけるものに問いかけることとなる。一般文法、博物学、富の分析に代わって、文法を扱う比較文法、生命の機能を扱う生物学、労働と生産を扱う経済学が形成されるのである。

客体の越えがたい厚み

ところでフーコーによれば、そのように事物が深層へと後退し、表象の限界が示されて、それまでとは根本的に異なる探究が開始されるとき、そのときに初めて、古典主義時代の思考が、迷妄な独断論のなかでまどろむ一つの形而上学として告発されることになるという。表象を表象し尽くそうとする際限のない営みが、以後、一つの「錯覚」にもとづくものとみなされるようになるということであり、それとともに、表象の可能性と限界を見極めようという任務が生じることになる。「批判」が必要となるのである。

しかし、そのようにして表象の自律性を基礎とする形而上学に終止符を打つ反面、十八世紀末の西洋に生じた認識論的変動は、もう一つ別の形而上学の可能性を開くことになるとフーコーは言う。

表象空間から解放され、自身の謎めいた厚みのなかに引きこもることによって、事物は、認識に対して決して完全には与えられないものとなる。そして、そのように表象から一歩退いた場所に措定された事物が、まさにそのことによって、ありとあらゆる認識の可能性の条件として自らを差し出すことになる。自らを示すと同時に隠す客体、決して完全には客体化されえぬ客体こそが、「自らを表象の統一性の基礎として示す」ということであり、ここから、我々は、そうした基礎への到達を目指す「終わりのない任務」へと呼び求められるのである。

真理が、客体の越えがたい厚みのなかに退くとともに、そこから絶えず視線を呼び求めるものになるということ。これもやはり、『臨床医学の誕生』が、「不可視なる可視性」および「事物の暗い核」について語りながら示していたことである。医学の歴史との関連で標定されていた認識論的変容を、『言葉と物』は、十八世紀末のエピステーメーの変換によって引き起こされた出来事としてあらためて描き出す。新たな可視性の形態の歴史的成立に関する問い、すなわち、そもそもどのようにして可視と不可視とのあいだに新たな関係が結ばれ、見えないものが見えるものの潜勢力のようなものとなったのかという、六三年の著作ではいまだ問われていなかった問いに対し、ここに一つの回答が提示されているのだ。

そしてフーコーによれば、見えないものの力、ネガティヴなものの力がそのようにして承認されるとともに、そうした力によって魅惑される者、そうした力によって絶えず呼び求められる者の存在が浮上してくることになる。真理を常に取り逃すという点において自らの有限性を示すと同時に、まさしくその有限性ゆえにその真理に向かって不断に歩み続ける者としての人間、根源的に有限な存在としての人間が、ここに登場するのである。

3　人間と有限性——人間学の陥穽

「人間」の登場

すでに触れておいたとおり、表象空間の内部で思考が全面的に展開されている限り、その空間を自らのために構成する者についての問いが提出されることはなかった。これに対し、事物が自らの厚みのなかに退き、表象がもはやその単なる表面上の効果にすぎないものとなって以来、そうした効果を受け取る者、事物との外在的関係から出発して表象を自らに与える者の存在が要請されることになる。表象空間の崩壊によって事物と表象とのあいだに穿たれた隔たりのなかに、それらを結びつける者としての人間が登場するのである。

そしてこの「人間」はただちに、二重の意味で有限な存在として現れる。

一方において、事物が常に表象の外にとどまる以上、事物を直接的に認識することはできないという意味で、人間は限界づけられた存在である。しかし他方、そのような人間の認識は、神の無限の能力とも動物の無能力とも区別される能力、人間に固有の有限な能力を含意している。つまり、人間の認識の限界を経験においてネガティヴなやり方で示す有限性の背後に、そうした経験をそもそも可能にするものとしての有限性、人間的経験の基礎にあるものとしての有限性が見いだされるということだ。

そしてまさにそのようなポジティヴな意味を獲得することによって、人間の有限性は、それ自体、人間理性にとっての大きな関心事となる。というのも、事物の後退とともに、真理はもはや自らを隠しつつ見せるというかたちでしか姿を現さなくなるわけだが、そうした真理の在り方を可能にするものこそまさしく、人間固有の有限性に他ならないとされるからだ。人間が真理を失うと同時に真理によって絶えず呼び求められるという動きに対して一歩退いたところに、そうした動きの起源にあるものとして、人間における有限性が見いだされるということ。根源的に有限なる存在としての人間に関する問いが、こうして、「あらゆる真理の真理」に関する問いとして価値づけられるのである。

有限性の分析論

第一章で確認したとおり、カント『人間学』への序論においてフーコーは、批判哲学によって告発された「超越論的錯覚」の必然性が「有限性の具体的な傷痕のうちの一つ」として解釈し直されることで、その錯覚がいわば「真理の真理」のようなものとみなされるようになったことを示そうとしていた。哲学史的文脈の内部で行われたそうした考察を、西洋のエピステーメーに関する歴史的分析のなかであらためてとり上げ直しながら、『言葉と物』は、そのように根源的なものとしての価値を獲得した有限性に関してどのような問いかけがなされるようになるのかを明らかにしようとする。二重の意味で有限な存在としての人間をめぐる近代に特有の探究としてフーコーが描き出すもの、それが、「有限性の分析論」と呼ばれるものである。

「有限性の分析論」とは、人間の経験に限界として示される事実上の有限性の背後に、それを基礎づけるものとしてのもう一つの有限性、超越論的な価値を持つ有限性を探し求めようとする探究である。フーコーによれば、その分析論の最大の特徴は、互いに異なる二つのレヴェルに二つの有限性を見いだしつつ、それらをあらためて一つに重ね合わせようとするところにあるという。すなわち、そこで試みられるのは、経験的なものと超越論的なものとを区別した上で、経験の諸条件を明るみに出すために経験そのものに問いかけること、つまりは、「経験的なものを超越論的なもののレヴェルにおいて価値づける」ことなのだ。

有限性を有限性自身によって基礎づけるために、有限性を絶えず二分化しつつ、一方における他方の反復を示そうとすること。有限性の有限性自身に対するこうした果てしのない照合について、フーコーはそれが、批判哲学とともに独断論の眠りから目覚めるやいなや、ただちに新たな眠りに陥ることに他ならないと断ずる。

人間学の眠り

フーコーによれば、有限性が人間の経験の可能性の条件としての価値を獲得しえたのは、表象空間から事物が後退したことによる。つまり、表象とそこに自らの姿を垣間見せる事物とのあいだに越えがたい隔たりが見いだされるようになることによって初めて、それらを結びつけるものとしての人間存在が、自らに固有の有限性を携えて登場したのだった。

ところで、その有限性に狙いを定めつつ、認識に与えられた経験的内容から出発して認識の諸条件を明るみに出そうとする「有限性の分析論」は、表象とそれを条件づけるものとのあいだに穿たれた空隙、有限性の地位向上を可能にしたまさにその空隙を、無造作に埋めようとする。すなわち、経験的なものを超越論的なものの上に折り重ねようとするその企ては、表象空間の自律性の崩壊によって課されることになったそれらのあいだの区別を前提すると同時に、その区別を無邪気なやり方で乗り越えようとするものであるということだ。

事物が自らの暗がりのなかに後退し、真理が人間から逃れ去りつつ人間を呼び求めることになるとともに、「あらゆる真理の真理」として価値づけられることになった人間の根源的有限性は、これもやはり、そうした後退の運動から免れるものではない。「有限性の分析論」は、そのように人間の有限な経験から絶えず逃れ去るものを我が物とすべく、際限のない問いかけに身を委ねることを自らに許す。客体の側にではなく、今度は人間の側、主体の側に、一つの形而上学の可能性が開かれるのである。

したがって、ここに見いだされるのは、あたかも人間主体という特権的存在に関してだけは「批判」によって認識に課された限界を超えることが許されているかのように振舞う「前批判的な素朴さ」である。思考が独断論の眠りから覚めるやいなや、そこにはすでに新たな眠りが準備されていたのだ。経験的なものと超越論的なものとの折目において発せられる「人間とは何か」という問いのもとで、思考は「人間学の眠り」に陥ってしまったのだということを、フーコーは以上のように暴き出すのである。

ハイデガーは、「批判」におけるカントの三つの問いが人間に固有の有限性への関心に集約されうるということを指摘しつつ、この有限性に関する問いかけを自らに引き受け直していた。これに対しフーコーは、一九六一年のカント論ですでに、そうした人間学的探究を、経験の限界を超え出ようという企てを客体の側から主体の側へと滑り込ませたものとして告発していた。そして『言葉と物』においては、経験的なレヴェルと超越論的なレヴェルとを重ね合わせようとするその探究が、思考を新たにまどろませるものとして断罪されることになる。人間に固有の有限性がどのようにしてついに「意識化」されたのかと問う代わりに、フーコーは、そのようなものとしての有限性が歴史のなかでどのようにして出現したのか、そしてそれに関して問いかけようとする「終わりのない任務」がどのようにして思考に課されることになったのかを示してみせるのである。

以上のとおり、一九六六年のフーコーは、西洋における「人間の出現」を、ルネサンス以来のエピステーメーの歴史的変容を分析することによって描き出す。至上の主体であると同時に特権的な客体でもあるものとしての人間の登場は、古典主義時代に想定されていた表象の自律性が崩壊し、新たな認識論的布置が成立することによって可能になった、比較的最近の出来事であるということ。そしてそうである以上、その人間は、新たな変容が生じるならば、砂浜の上に描かれた絵が波にさらわれてしまうように、跡形もなく消え去ってしまうであろうということ。こうしたことを示しつつ、『言葉と物』は、人間についての反省が依拠するそうしたかりそめの地盤を決定的に打ち震えさせようとするものとして、そしてそれとともに思考を新たな目覚めへと誘うものとして、自らを差し出すのである。

第四章　幸福なポジティヴィスム——『知の考古学』

『言葉と物』はこうしてフーコーの一大出世作となる。当時のフランスの新聞、雑誌は競ってこの書物をとり上げ、人々は、実際に読んだかどうかは別として、こぞってこれを買い求めた。そしてこの著作は、そのように熱狂をもって迎えられる一方で、当然ながら他方では激しい攻撃に晒されることになった。「人間」の発明とその間近な死を語る一九六六年の著作は、とりわけ人間主義ないし人間学主義を奉ずる人々にとって、論駁すべき最大の敵として現れたのだった。

一方、一躍時の人となったフーコー自身はと言えば、次の著作『知の考古学』を一九六九年に発表し、彼が「考古学」と名づける自らの歴史研究のやり方についての理論的練り上げを提示することになる。いわば一九六六年の書物とともに引き起こされたさまざまな議論に応えるかたちで世に出されたこの著作において、問題となっているのは、ここでもやはり、人間学的思考からの脱出である。すなわち、フーコーは、六〇年代の一連の探究によって「人間」の登場を歴史的に跡づけた後で、今度はそのような成果をもたらした歴史研究の方法そのものを、主体の至上権から解放されたものとして打ち立てようとするのである。

この章では、まず『言葉と物』によって生じた論争を当時の時代背景に照らしながら概観した後、フーコーの著作のなかで最も難解で近づきがたいものとされている『知の考古学』を、人間学的思考からの、したがってフーコーの自分自身からの離脱のプロセスのなかに位置づけ直しつつ解読していく。

1　主体、構造、歴史——歴史をどう書くか

構造主義

『言葉と物』が刊行された一九六六年は、何より、構造主義の最盛期であった。すでに一九五〇年代後半より、人類学者クロード・レヴィ＝ストロースや精神分析学者ジャック・ラカンらの仕事とともに、主体の外から主体に課されるものとしての「構造」の概念は、それまでフランスを支配してきた主体性の哲学にとっての大きな脅威となりつつあった。語る主体の自発性に訴えることなく言語を扱う「構造言語学」から着想を得た探究、人間の主体性を拠り所としないような探究が、民族学、精神分析学、文学などさまざまな研究分野において提示され始めていたのである。

そのようにして形成されてきた構造主義の潮流が、六六年についに大きな波となって現れる。旧来の文学批評に対する徹底抗戦を示したバルトの『批評と真実』、ラカンのそれまでの論述

をまとめた『エクリ』など、構造主義者とみなされた人々による数々の著作が出版され、各種の学術誌にも「構造」に関する議論の盛り上がりが明らかなやり方で反映される。そして、そのなかでもひときわ鮮烈な輝きとともに登場したのが、まさしく、「人間の終焉」を掲げた『言葉と物』であった。つまり、この著作は、何よりもまず、構造主義隆盛という背景のもとで受容されたのであり、フーコーは、彼自身がそれを拒絶していたにもかかわらず、そうした新たな波の象徴とみなされることによって脚光を浴びたのである。

六〇年代におけるフーコーの人間学的思考からの離脱のプロセスが、フランスにおける主体性の哲学の衰退と軌を一にするものであったということ、これはすでに指摘しておいたとおりである。したがって、機が熟し、舞台が整えられて、そこに満を持して登場した「人間諸科学の考古学」が人々を大いに熱狂させたのは、驚くべきことではあるまい。ある意味において、『言葉と物』は、サルトルも揶揄したとおり、待ち望まれていた書物だったのである。

映画と幻灯

しかし、そのように大々的な歓迎を受ける一方で、一九六六年のフーコーの著作は、新たな思潮を受け入れがたいものとしてとらえていた人々からは激しく糾弾されることになった。ただちに現れたのが、マルクス主義者からの反応である。すなわち、マルクスを他の経済学者とともに十九世紀のエピステーメーのなかに位置づけつつ、マルクス主義はいかなる現実的切断も生じさせることはなかったとするフーコーの分析が、「反歴史的偏見」にもとづくものとして断罪されたのだった。

そしてまた、他ならぬサルトルが、『言葉と物』をある種の人々の期待に応えただけのものとみなしつつ、この書物に対して異を唱える際に問題にしたのもやはり、そこでフーコーが歴史を扱ったやり方である。

一九六六年末に刊行された『アルク』誌サルトル特集号での対談のなかで、サルトルは、『言葉と物』は歴史を拒絶するものであると主張する。すなわち、フーコーのこの書物は、歴史を研究すると称しながら、実際には「映画を幻灯と置き換え、運動を不動のものの継起と置き換えている」のであり、それによって、一定の条件のもとで各々の思考が実際にどのようにして構成されるのかという、歴史研究において最も興味深いはずの問いに対して答えることができなくなってしまっているのだ、と。そしてそのようなものとしての歴史の拒絶は、結局のところマルクス主義の拒絶に他ならず、したがってフーコーの企ては、「ブルジョアジーがマルクス主義に対して今なお立てることのできる最後の障壁」を築こうとするものであると断ずるのである（「サルトルとの対話」、『サルトルと構造主義』所収）。

歴史研究のやり方をめぐる主体性の哲学やマルクス主義の側からのこうした反発、こうした反撃は、おそらく、フーコーにとってある程度まで想定内のものであったと考えられる。というのも、『言葉と物』序文の注にも予告されているとおり、彼は、自らの「考古学的」方法に関する理論的書物を、次の著作としてすでに準備し始めていたからだ。そして、『言葉と物』出版後に彼に対して提出された反論や質問を受けて練り上げられたその著作が、一九六九年に『知の考古学』として出版されるとき、そこでフーコーによってまず提示されるのが、まさしく、歴史をめぐる既存の考え方に対する根本的な異議申し立てである。すなわち、とりわけ思考の歴史に関する旧来の研究が主体の至上権に繫ぎ止められてきたことを明らかにしつつ、そうした軛を断ち切って新たな方法を打ち立てるためにはどのようにすればよいかということが、そこで問われているのだ。

人間学からの解放

『知の考古学』冒頭においてフーコーは、ここ数十年のあいだに歴史研究の分野には大きな変革がもたらされたこと、しかしそれにもかかわらず、思考の歴史は依然として伝統的な役割を果たし続けていることを指摘する。すなわち、狭義の歴史学が、非連続性や系列、隔たりや分散などといった概念を使用して新たな研究を開始しているのに対し、思考の歴史の方は、起源を探し求めたり、目的論を企図したりといった、旧態依然とした探究に従事し続けているということだ。

そのようなものとしての思想史研究について、フーコーは、それが人間主体の特権化とのあいだに根本的なつながりを持つものであることを強調する。そして彼は、六〇年代の自らの探究が、そうした帰属関係がどのようにして生じたのかを明らかにするとともに、その関係を断ち切ろうとするものであったと述べる。「考古学的」著作にとっての問題は、人間学への隷属からの歴史の解放であったということ。つまり、『狂気の歴史』から『言葉と物』までの一連の著作が、かつて自分自身も帰属していた思考の地平から身を引き離そうとする企てであったということが、フーコー自身によってここにはっきりと語られているのである。

そして『知の考古学』はと言えば、この理論的書物が目指すのは、それまでの具体的歴史研究に「整合性を与える」ことであるという。人間学的思考の歴史を探りつつその思考を問題化した後で、そうした歴史研究のために用いられた方法についてあらためて検討し、これを「一切の人間学主義を廃した」ものとして打ち立てること。これが、一九六九年の書物の目標として掲げられているのだ。

したがって、『知の考古学』は、実際に具体的な「考古学的」探究を試みたフーコーのそれ以前の著作とのあいだに、二重の関係を持つことになる。一方においてこの書物は、それまでいわば盲目的に使用してきた方法を練り上げることで、「考古学」による研究成果に理論的な支えを与えようとするものである。しかし他方、人間学的テーマから解放された歴史分析の方法を定めることが問題となる以上、その理論は、それまでの自身の歴史研究の成果を拠り所としている。「考古学的」探究を根拠づけるための理論は、その探究によって発見された地盤に立脚しているということ。要するに、一九六九年の著作は、一九六〇年代初頭に始まった人間学からの脱出のプロセスとの関係において、その仕上げであると同時に帰結であるようなものとして位置づけられるのである。

それでは、そのような脱出の帰結および仕上げが、一九六九年の書物のなかに、具体的にどのようなかたちでしるしづけられているのだろうか。すなわち、そこでなされている理論的考察は、人間学的思考からの解放を、それまでの歴史研究の成果に依拠しつつどのように表明しているのだろうか。

「考古学」の定義

かつての自分自身からの離脱の努力を『知の考古学』のなかに見極めるために、まずは、フーコーがこの著作のなかで自らの研究方法をおおよそどのように定義しようとしているのかを見ておくことにしよう。

この著作の企図を簡潔に述べた「緒言」のなかで、フーコーは、「考古学」にとっての問題が「諸々の言説を記述すること」であると語る。つまり、伝統的な思想史が、言説の背後に隠されている思考の動きを暴き出そうとするのに対し、自分は、「語られたこと」のレヴェルにとどまる研究を行いたいのだ、と。そしてその「語られたこと」の領域を、「古文書」を意味する«archives»という単語をあえて単数形で用いて「アルシーヴ(archive)」と名づけつつ、フーコーは「考古学(archéologie)」を、そのアルシーヴに関する研究として定義するのである。

そして『知の考古学』本編では、「語られたことを、それがまさしく語られた限りにおいて記述すること」としての「考古学」が、「我々の診断」のために役立つものであることが述べられる。すなわち、歴史を遡り、もはや我々と同時代的ではないものを探査することによって、我々の現在を新たなやり方で照らし出す可能性が開かれるということだ。ただし、そのような探究が目指すのは、歴史の断絶を追い払いつつ我々の主体性や人間性を打ち立て直すことではなく、「我々を、我々自身の連続性から断ち切る」ことである。「考古学」によってもたらされる「我々の診断」は、我々のうちに歴史を超えた同一性を確認する代わりに、我々を差異として明るみに出すのである。

ところで、「語られたこと」のレヴェルにとどまりつつ「我々の診断」を行うものとしてのこうした「考古学」の定義は、それがとりわけ二つのテーマを拒絶するものであることを含意している。

一方において、我々を差異として際立たせるものとしての「我々の診断」は、時間のなかに分散したさまざまな出来事のあいだに連続性を再構成しようとする歴史研究のやり方に異を唱えるものである。他方、語られたことそのものの記述に専心すること、これは、語られたことの背後に隠されているものを探ろうとする探究、つまり解釈学的な探究の対極に位置づけられる。

そして、『知の考古学』のなかで実際に明確なやり方で示されているそうした二重の拒絶に目をやるとき、そこに見いだされるものこそまさしく、人間学的思考から身を引き離そうとする努力に他ならない。つまり、解釈と連続的歴史がフーコーによって執拗に退けられるのは、それらがともに、人間主体の至上権を認める思考とのあいだに深いつながりを持つものである限りにおいてなのだ。

「語られたこと」にとどまり、「我々の診断」として役立つものとしての「考古学」は、確かに、歴史研究の人間学への隷属を断ち切ることによって可能になるということ。このことを明らかに示すために、以下、二つのテーマを拒絶するフーコーの身振りを順に検討していこう。

2　連続的歴史——主体の避難所

歴史と主体

まず、連続性の拒絶について。

歴史を連続的なものとして打ち立てようとすることの拒否が、人間学的思考からの解放のための努力に他ならないということについては、『知の考古学』のなかでフーコーによってはっきりと語られている。すなわち、連続的な歴史は、人間主体の特権を維持するための「最後の場所」として役立つものであり、この「古い砦」をまずは捨て去る必要があるのだ、と。

では、連続的な歴史はどのようなかたちで主体にとっての最後の砦として役立つのか。そして一九六九年の著作においてフーコーは、どのようにしてその砦を決定的に打ち砕こうとするのか。

歴史の連続性を復元しようとする企図が、主体性の哲学と根本的に結びついているということについては、すでにレヴィ＝ストロースが、一九六二年の著作『野生の思考』のなかで、サルトルらの哲学者による歴史学の特権化を糾弾しつつ指摘していた。すなわち、時間のなかに分散した出来事を連続的進展としてとらえ直そうとするのは、歴史を、人間自身の意識の連続性と同様の連続性を持つものとして価値づけつつ、「超越論的人間主義の最後の隠れ家」にしようとすることに他ならない、と。

意識の哲学と歴史学との共犯関係をめぐるこうした告発を、フーコーは自らのやり方でとり上げ直す。『知の考古学』の序論において、彼は、思考をめぐる歴史研究が依然として連続性の再構成という伝統的な任務に専心していることを指摘しつつ、そうした傾向を、レヴィ＝ストロースと同様、歴史を人間学的思考の拠り所としようという目論見によってもたらされたものとみなす。すなわち、思考の歴史を中断なく連続的に進展するものとして描き出そうとする人々は、それによって、「意識の至上権」にとっての「特権的な避難所」を得ようとしているのだ、と。

実際、思考の歴史を、その起源から絶え間なく進行する連続的な流れとして打ち立てることができるとしたら、そうした歴史は、人間の意識をあらゆる生成の創設者として確立し直し、時間のなかで人間から逃れ去ってしまったものを人間が再び我が物とするために、大いに役立つものとなろう。連続的な歴史は、人間主体を創設的なもの、根源的なものとみなすために、「欠くことのできぬ相関物」であるということ。「歴史的分析を連続的なものに関する言説に仕立てること」と、「人間の意識をあらゆる生成およびあらゆる実践の根源的主体に仕立てること」は、「同じ一つの思考システムの両面」なのだ。

そして、思考の歴史と人間学的思考との共犯関係のそのような告発において念頭に置かれているると思われるのが、フッサールの現象学、それもとりわけ、フーコーが五〇年代に熱心に研究していたという小論「幾何学の起源」に見いだされるものとしてのフッサール哲学である。

幾何学の起源

一九六二年にはデリダによるフランス語訳も出版された一九三六年のその論考において、フッサールが提示しているのは、幾何学の意味の起源をめぐる探究である。数千年前から存在し続けており、今なお絶え間なく練り上げられているものとしての幾何学が、歴史のなかでいかなる根源的意味において誕生したのかということが、そこで問われているのである。

こうした企図のうちには、次のことが、ほとんど自明の理のようなものとして想定されている。すなわち、幾何学という一つの科学が、歴史のなかでとりうるすべての形態を貫いて自らの統一性を維持し続けるものであるということ、そしてそれが、原初の創造的活動から生じ、新たな精神によって引き継がれて絶えず前進し続けるような、人間主体の営みの全体的成果であるということだ。

幾何学の歴史貫通的な同一性から出発し、それを歴史性の主体としての人間へと送り返しながら、フッサールは、そのように連続的進歩のかたちをとる歴史を、単に一つの科学にかかわるものとしてのみならず、あらゆる科学に妥当するもの、さらには、歴史一般に妥当するものとしてとらえようとする。つまり彼は、幾何学の根源的な意味をめぐる問題を、人間および文化をめぐる「普遍的歴史性」を思考するための範例的問題として価値づけようとするのだ。そしてここから、数学の一部門に関するささやかな考察が、歴史の全体性への問いへ、「理性の普遍的目的論」へと導かれることになるのである。

科学の統一性

なるほど、もし、あらゆる科学のなかに、時間を貫いて存続する根本的統一性を認めることができるとしたら、歴史一般の連続性を信じる根拠が得られることにもなるだろう。そしても し、それぞれの科学が歴史のなかで身にまとった多様な形態の下に、人間の進歩の深い連続的な動きを再構成することができるとしたら、人間理性の目的論が導かれることにもなるだろう。

ところで、『知の考古学』において、思考の歴史をそれが囚われとなっている連続性のテーマから解放するためにフーコーがまず着手するのは、まさしく、いくつかの科学について通常見いだされる統一性をあらためて問いに付すことである。つまり彼は、一般に歴史を貫く科学の統一性の支えとみなされているものを一つひとつ検討し、それらが実は通常考えられているようなものではないということを、自身の一連の歴史研究の成果を拠り所としつつ示すのである。科学的言説のうちに見いだされる統一性は、「一度で決定的に設立された形式が、至上の権威のもとで時間を貫いて発達したもの」ではない。したがってその統一性は、「普遍的歴史性」に到達するための出発点としては決して役に立ちえないのである。

一つの科学の統一性から出発して歴史を構成する原理に到達し、そこから歴史性一般と人間の主体性との根本的関係を打ち立てようとするのではなく、逆に、時間のなかで生起する出来事の数々を創設的主体に送り返すことなく記述し、それによって通常は統一性が想定されているところに不連続や差異を暴き出すこと。これこそが、六〇年代の著作における具体的研究が示しているとおり、フーコーの「考古学的」探究の任務に他ならない。

そしてそうした探究のなかで諸々の科学が検討に付されるとき、幾何学ないし数学の歴史は、一つの極めて特殊な例でしかないことが明らかになるだろう。実際には、あらゆる科学が数学と同様の連続性を示すわけではない。数学の歴史は、決して一般化されうるものではないのだ。他の科学の歴史を考えるためのモデルとされるとき、数学はむしろ、歴史のあらゆる形態を安易に等質化してしまう危険を孕むものとして現れることになるだろう。幾何学ないし数学は、フーコー的な探究においては、諸科学の歴史を分析するための範例的な価値を持つどころか、一つの「悪しき例」に他ならないのである。

歴史的アプリオリ

一つの科学の連続性を歴史の主体としての人間へと送り返しつつ、そこから「理性の普遍的目的論」に到達しようと企てるフッサールにとって、問題は、事実の歴史から出発して歴史の本質的で普遍的な構造に達すること、すなわち、理解可能性の源泉としての「歴史的アプリオリ」に達することであった。フッサールによって使用されていたこの「歴史的アプリオリ」という用語を、フーコーは、自らの研究において、全く別のやり方でとり上げ直すことになる。

フーコーの言う「歴史的アプリオリ」が指し示すのは、歴史のあらゆる事実が従うべき普遍的ないし必然的な構造ではなく、徹底して経験的な形象である。つまりそれは、言説実践を特徴づける諸規則の総体であり、ある特定の時代の知の形成にとって一種のアプリオリとして機能するとはいえ、それ自身歴史的に構成されたもの、時間のなかで変形可能なものであるということだ。したがって「考古学」にとっての問題は、この「歴史的アプリオリ」についての批判的検討を行うことになるだろう。事実の歴史から「内的な歴史」へと向かおうとするのではなく、あくまでも具体的な言説的事実のレヴェルにとどまりながら、そうした事実がいかなる歴史的条件のもとで、いかなる可変的な諸規則に従って可能になったのかを記述しようとするもの、それが、フーコー的な歴史研究なのだ。

「意識の至上権」にとっての「特権的な避難所」とされていた連続的歴史。人間学的思考の「最後の場所」としてのその「古い砦」を、フーコーはこのように容赦なく攻め落とそうとする。人間学的隷属から解放された歴史研究へと導くための道筋を示しつつ、彼は、連続性や主体性を、そうした研究によって徹底して問いに付すべき標的として示すのである。

3　解釈――「再我有化」の努力

あらゆる解釈の外

次に、解釈の拒絶について。これに関してもやはり『知の考古学』のなかで次のように明言されている。すなわち、「考古学的」分析は「あらゆる解釈の外」にある、と。

すでに触れておいたとおり、「考古学」の任務は、フーコーによって、「語られたことを、それがまさしく語られた限りにおいて記述する」こととして定義される。語られたことはいかなる様態のもとで存在しているのか。語られたことにとって、それが実際に語られたということはいったいどういうことなのか。こうした問いを掲げながら、あくまでも「語られたこと」のレヴェルにとどまって探究を行うこと、それは実際、語られたことに対して、そこに何が隠されているのか、そのなかに秘められた語られざることとは何か、などとは決して問わないということである。要するに、このような分析方法は確かに、隠された意味の探究としての解釈学的方法の対極にあるということだ。

それでは、解釈を遠ざけようとするそのようなフーコーの身振りには、人間学的思考からの離脱のための努力がどのように含意されているのか。この問いに答えるための有効な手がかりを提供してくれるのが、ポール・リクールによってなされた解釈をめぐる考察である。後にコレージュ・ド・フランス教授候補に同時に挙げられるなど、リクールとフーコーとのあいだにはいくつかの因縁めいた逸話が残っている。そのリクールが、一九六五年に著した書物『解釈について』(邦題『フロイトを読む』)のなかに、まさしく、『知の考古学』における記述と逐一対立する主張が見いだされるのである。

再我有化

解釈するとはどういうことか、という問いを提出しつつ、リクールは、近代において解釈が置かれている状況を、意味の再興としての解釈と懐疑の実践としての解釈という二つのタイプの解釈のあいだの対立として特徴づける。すなわち、一方には、意味に対する素朴な信仰を批判しつつ、より理に適った第二の信仰を目指す解釈があり、そして他方には、徹底的な懐疑として自らを示す解釈、意識そのものをも疑いに付す解釈がある、と。

ただし、リクールによれば、後者の解釈が意識を問いに付すのは、意識を破壊するためではなく、意識を拡張し、それを新たに基礎づけるためであるという。つまり、解釈がラディカルな懐疑に身を委ねるとしても、その後には常に、やはり少しだけより理に適ったものとしての新たな信仰が現れるということだ。こうして、一見すると対立しているように思われる二つのタイプの解釈は、結局のところ、「意味の起源を別の中心にずらそうとするという点において共通している」ということになる。懐疑の実践としての解釈にせよ、意味の再興としての解釈にせよ、両者がともに目指しているのは、一つの中心を捨て去るとともに別の中心を再び打ち立てること、いったん手放したものを手元に取り戻すことなのだ。解釈学的作業は「再我有化」の努力として定義されうるということであり、ここから、私のものでなくなってしまったものをあらためて私自身に「固有のもの」とするために、絶えざる意識化の作業が要請されることになるのである。

ところで、別の中心を見いだすための脱中心化、そして意識から逃れ去るものの意識による回収という、リクールが解釈に割り当てているこうした任務こそ、まさしく、一九六九年のフーコーの書物によって、徹底して退けるべき任務として示されているものに他ならない。

解釈と稀少性

一方において、フーコーは、自分の研究が「いかなる中心にも特権を残しておかないような一つの脱中心化を行う」ものであると明言する。語られたことそのものの分析によって自分が目指すのは、唯一のシステムや絶対的な参照軸に送り返されることのないような散乱を描き出すこと、絶えず差異化を行いつつその差異を分析することなのだ、と。

そして他方、人間主体が失いつつあるものを再び我が物にしようと試みること、これは、すでに繰り返し見てきたとおり、五〇年代のフーコー自身が専心していた企てであり、六〇年代の一連の「考古学的」研究によって問題化され、打ち捨てられるものに他ならない。その成果を踏まえつつ『知の考古学』が強調するのは、言説が、意識から逃れ去るものの回収を可能にするための契機とはなりえないということ、そしてそもそも私の言説そのものが、私自身から絶えず失われゆくものであるということである。「考古学」は、言説によって意識を延長すること、語ることによって生き延びることを望む人々から、そうした希望を容赦なく奪い去るのだ。

したがって、いかなる新たな中心も打ち立てることのない脱中心化を行い、我々から逃れ去る言説の分散そのものを記述しようとするフーコーの分析は、リクール的な解釈の企てに真っ向から対立する。そしてそうした分析にとって、解釈はもはや、言説を説明すべきものとしてではなく、逆に、言説の歴史的形成をめぐる探究によって説明されるべきものとして現れることになる。

決してすべてが語られることはないという原理、すなわち、ある一つの時代において語られうることのうち、結局は比較的わずかのことが語られるにすぎないという原理に依拠しつつ、フーコーが示そうとするのは、解釈が、言説をめぐるそうした「稀少性」によってもたらされる効果であるということである。すなわち、語られたことの豊かさのうちに秘められたものを探り出すと称しながら、解釈は、実のところ、語られたことの貧しさに対して反応し、それを埋め合わせるための、一つのやり方に他ならないのだ、と。

語られたことを、その稀少さないしその貧しさという観点から分析することによって、「解釈がありえたという事実」が説明されるということ。「考古学」にとって、解釈は、新たな中心を見いだしたり失われたものを回収したりするための手段ではなく、歴史の連続性と同様、検討に付されるべき一つの問題なのである。

視線の転換

言説のうちに隠されていることを明るみに出そうとするのではなく、「語られたことを、それがまさしく語られた限りにおいて記述すること」。そのような任務を自らに引き受けるものとしての「考古学」について、フーコーはそれが、我々にとってあまりにもよく知られすぎており、それによって絶えず姿をくらますものを、「視線と態度のある種の転換」によってとらえ直そうとするものであると語っている。見えないものを暴き出そうとする代わりに、見ているのに見えていないものを見えるようにすること。我々から絶えず逃れ去るものを回収しようとする代わりに、あまりにも我々の近くにあって我々が見落としてしまっているものを立ち現させること。要するに問題は、かつて語られたことを精査し、現在の我々を差異として際立たせることによって、我々が通常受け入れている自明性そのものについて問いかけること、それがいかなるものであるのかを明らかにすることなのだ。

そしてそのように、見えないもの、ネガティヴなものの探索を放棄する限りにおいて、フーコーの企ては一種のポジティヴィスムとして現れることになる。とはいえそのポジティヴィスムを、いわゆる実証主義と同一視してはなるまい。というのも、フーコーにとって実証主義とは、認識から逃れ去るものの潜勢力を認めながらも、それを明るみに出すことを断念して、客観的に把握することの可能なもののみで満足しようとする態度のことであるからだ。実証主義がそのように、見えるものが見えないものによって裏打ちされているという公準から出発しているのに対し、「考古学」は、まさしくそうした公準そのものを問題化しようとするのである。ネガティヴなものの力を想定しながらそこからあえて目を背けようとするのではなく、そうした力がそもそもどのようにして歴史的に形成されたのかということを、「語られたこと」そのものの記述によって示そうとすること。これが、「幸福なポジティヴィスト」を自称する「考古学者」が自らに引き受ける任務なのだ。

『言葉と物』の後を受け、方法論的練り上げを試みた『知の考古学』は、このように、それまでの具体的歴史研究によって行われてきた人間学的思考からの離脱の努力を引き継ぐとともに、それをいわば完結させるものである。歴史の連続性を復元しようとする代わりに、我々の現在を差異として際立たせること。言説の背後に秘められたものを暴き出そうとする代わりに、言説そのもののレヴェルにとどまる分析を試みること。こうした二重の配慮とともに、一九六九年の書物は、「考古学」を、主体の哲学との共犯関係から決定的なやり方で解き放された歴史研究として提示するのである。

第五章　「魂」の系譜学——『監獄の誕生』と権力分析

『知の考古学』によって人間学的思考からの脱出のプロセスに一つの区切りをつけた後、フーコーの研究は、一九七〇年代に入ると新たな変貌を遂げる。すなわち、さまざまな知の歴史的形成に関する考察から、権力関係の歴史的変化をめぐる分析を前面に押し出した探究への移行が行われることになるのである。

フーコーにおける権力の問題のそうした前景化は、一方において、当時の社会的状況およびそのなかでの彼自身の体験に関係づけられうるだろう。

一九六六年の『言葉と物』によって大きな成功を手にした後まもなく、フーコーは、クレルモン＝フェラン大学からチュニス大学に派遣され、六八年末にヴァンセンヌ大学実験センターの哲学教授に任命されて帰国するまでの約二年間を、チュニジアで過ごす。その結果、彼は、六八年にフランスで起こった五月革命には居合わせることができなかった。しかしその代わりに、チュニスにおいて現地の学生運動を目撃し、学生たちへの支援というかたちでそこに参加することになった。そしてフランスに戻った後も、集会やデモに積極的に参加し、発言して、ときには逮捕されることになる。こうした一連の出来事、一連の行動が、フーコーの研究における権力の問題の浮上に少なからず寄与したということについては、彼自身が、一九七七年のある対談のなかではっきりと述べている。すなわち、権力のメカニズムをしかるべきやり方で分析することが可能になったのは、一九六八年以降、権力の緻密な網目のなかでの抵抗や闘争が始められるようになってからなのだ、と（『思考集成』192）。

しかし他方、フーコーの研究活動の展開そのものに注目するとき、権力に関する問いかけは、いわば、言説をめぐる探究の延長上に位置づけることのできるものとして現れる。このことを端的に示しているのが、一九七一年刊行の『言説の領界』である。すなわち、タイトルが示すとおり依然として言説分析を主題としているこの著作のなかには、七〇年代前半のコレージュ・ド・フランス講義を通じて練り上げられ、一九七五年の『監獄の誕生』に結晶することになる権力分析の萌芽を見て取ることができるのである。

そこでこの章では、フーコーにおいて権力の問題がどのようにして浮上し、そこから彼がどのようにして『監獄の誕生』に提示されているような探究へと導かれるのかということについて、それ以前の「考古学的」研究との関係にも留意しつつ考察を進めていくことにしよう。

1　言説と権力——『言説の領界』

言説の稀少化

フーコーは一九七〇年、フランスにおける研究教育機関の最高峰にも位置づけられるコレージュ・ド・フランスに、「思考システムの歴史」講座の教授として着任する。以来、一九八四年に他界するまで彼が教鞭をとり続けることになるそのコレージュにおいて、記念すべき第一回目の講義が一九七〇年十二月に行われる。その開講講義の内容を、一冊の書物のかたちで世に出したもの、それが、『言説の領界』である。

『知の考古学』に示されていた言説分析の方法をめぐる考察を新たな観点からとり上げ直すべく、この小著の冒頭部においてフーコーがまず指摘するのは、言説を前にしたときに我々が抱く不安である。すなわち、言説は、その物質性やその偶然性、それが孕む危険などによって、我々を困惑させ、我々に対して語り始めることを躊躇させるのだ、と。

言説はいわば、我々を脅かすある種の力を行使するものであるということ。そしてそれゆえに、言説はそれ自体、欲望の対象とされたり、闘いの賭金とされたりすることにもなる。つまり言説は、闘争や支配についてただ単に外から物語るものではなく、その目的および手段でもあるということ、「奪取が目指される力＝権力(pouvoir)」でもあるということだ。
そして言説がそのようなものであることを確認した後、『言説の領界』は一つの仮説を提出する。それはすなわち、あらゆる社会には、言説によってもたらされる恐れや不安を払いのけるために言説にはたらきかける何らかの手続きがある、という仮説である。言説の自由な増殖を全面的に許容している社会などないということ、言説に拘束力を及ぼし言説を稀少化するようなシステムがいたるところに存在しているということだ。こうした仮説にもとづき、フーコーは、言説を排除したり、制限したり、占有したりするためのいくつかの手続きが、西洋社会において実際に作動していることを示そうとする。言説そのものが孕む力＝権力に対抗してはたらく権力、言説の産出を制御するためにはたらく権力が、こうして問われることになるのである。

逆転の原則

したがって、ここに見られるのは、言説をめぐる考察の内部そのものにおける権力の問題の浮上である。しかし、ただちに次のことを指摘しておかねばならない。それはすなわち、言説に介入するものとして見いだされたさまざまな手続きに関して、フーコーが、そのネガティヴな性格を繰り返し強調しているということである。しかも、ただ単に明らかな排除や制限ばかりでなく、作者の指定や真偽の区別などといった、一見すると言説の産出においてポジティヴな役割を果たしているように思われるもののなかにもやはり、「言説の切り分けおよび稀少化というネガティヴな作用」を認める必要がある、とフーコーは言う。一般に言説創出の資源とみなされているものを、制限や拘束の機能を果たすものとしてとらえ直す必要がある、というわけだ。

フーコーが「逆転の原則」と呼ぶこのような主張は、言説を多様なやり方で攻囲する権力というテーマの登場を明確なやり方でしるしづけるものであると同時に、七〇年代に展開される権力分析とは根本的に異質なものを含んでいる。というのも、後の彼の研究は、とりわけ権力のポジティヴな諸効果に注目しつつそれを検討に委ねるものとなるからだ。

実際、一九七五年の『監獄の誕生』は、刑罰という、通常そのネガティヴな側面が強調される制度的メカニズムを、それが引き起こすことのできる「ポジティヴな諸効果の系列全体」のなかに置き直して研究しようと目指すことになる。そして一九七六年の『知への意志』に至っては、『言説の領界』とは完全に逆向きの主張を提示することになる。すなわち、性に関する言説の産出について考察するためには、抑圧や無知、禁止や隠蔽といったネガティヴな事実ではなく、「知を産出し、言説を増加させ、快楽を誘導し、権力を発生させるポジティヴなメカニズム」を出発点としなければならないのだ、と。

一九七〇年の開講講義では、言説の創出というポジティヴな現象の背後に、言説を抑制するネガティヴな作用を探知する必要があるということが強調されていた。フーコー自身も後に語っているとおり(『思考集成』197)、そこでは、言説と権力のメカニズムとの結びつきが、権力についての伝統的な考え方にもとづいてとらえられていたのである。これに対し、一九七五年および一九七六年の書物がともに述べるのは、権力分析においてはネガティヴな作用よりもポジティヴなメカニズムに注目しなければならないということである。開講講義で提示された「逆転の原則」に対し、さらなる「逆転」が要請されることになるのだ。

それでは、その再度の「逆転」はどのようにして起こったのだろうか。フーコーが、抑圧や排除をめぐるそれまでの自分自身の考えから身を引き離し、言説や知を産出するようなものとして権力を分析するようになるのは、一九七〇年代前半に刑罰制度に関して行われた一連の研究を通じてのことである。

GIPとコレージュ講義

刑罰制度に対するフーコーの関心は、まず、五月革命をきっかけとして表面化した監獄問題をめぐる具体的な活動として示される。一九六八年五月にパリで起こった学生運動を出発点としてフランス全土に広がった社会変革の運動は、大学の占拠や街頭でのデモなど激しい活動を引き起こし、その結果、多数の活動家たちが逮捕されることになった。そのうち、有罪判決を受けて投獄された人々のなかから、監獄での待遇の改善を求めた運動が起こる。これを受けて、チュニジアでの体験以来社会的闘争に積極的に身を投じるようになっていたフーコーは、一九七一年、監獄に関する情報収集を目的として、「監獄情報グループ（ＧＩＰ）」を創設するのである。

そして、そのような具体的活動と連動したかたちで、新たな探究が開始されることになる。すなわち、コレージュ・ド・フランス講義においてフーコーは、一九七一―七二年度講義『刑罰の理論と制度』以来数年にわたり、西洋における刑罰制度の歴史をテーマとして扱うことになるのだ。

ただし、そこで当初企てられていたのは、刑罰の理論および制度を、抑圧のシステムのなかに置き直して分析することであった。ＧＩＰの活動が何より「抑圧の行使を阻止するための闘争」（『思考集成』91）として提示されていたのと同様、コレージュ講義においてもやはり、まず問題とされたのは、権力のネガティヴな作用だったのである。

しかし、研究を進めていくなかで、フーコーは次第に、抑圧や排除といった作用から、権力によってもたらされるポジティヴな効果へと、その視線を転じることになる。つまり、処罰形式をめぐる歴史的探究の進展が、彼を、権力をめぐる伝統的な考え方から引き離し、権力の生産的な側面の分析へと導くのである。そして、そのようにして権力のポジティヴなメカニズムに焦点を定め直した研究が進められた後、その成果として一九七五年に著された書物、それが、『監獄の誕生』なのだ。

2　監視と処罰——『監獄の誕生』

「君主権的権力」から「規律権力」へ

『監獄の誕生』においてまず問われるのは、十八世紀末の西洋における身体刑から監獄へという処罰形式の変化がどのようにして起こったのかということである。

かつて、公衆の面前で身体に苦痛を与えるというやり方で機能していた西洋の刑罰制度は、十八世紀末になると、個人を閉じ込めつつ矯正することを目指すシステムへと変貌を遂げる。この移行については、もっぱら、文明の勝利や人間性の進歩などといった観点からの説明がなされてきた。つまり、過度の残虐さによって特徴づけられる野蛮で非人間的な刑罰が、生命や人権を尊重する合理的で穏やかな刑罰に置き換えられたのだ、と。

これに対しフーコーは、刑罰制度の変化を全く別のやり方で説明しようとする。すなわち彼は、処罰形式のそうした転換を、権力のメカニズムの歴史的変容と関連づけることによって解明しようとするのである。

フーコーによれば、かつて人々の目の前で受刑者の身体に加えられていた過剰なまでの暴力は、実は、単なる野蛮さのしるしではなく、当時の「君主権的権力」のもとで明確な機能を果たすものであったという。

「君主権的権力」とは、君主と臣下、主人と家臣などのあいだの非対称的な力関係において作用する権力である。そのような権力形態において、法律とは、至上権を持つ者としての君主による命令に他ならなかった。したがって、法律違反としての犯罪はそのまま君主に対する反逆を意味し、その犯罪に対する処罰は、何より、君主による反逆者への報復であった。そしてその際、その反逆者に対し、君主自身が被った損害よりもはるかに大きな損害を公の場において与えること、これは、君主の圧倒的な力を、受刑者自身のみならずそれを見物する人々にも思い出させるという効果をもたらすものであった。

当時の権力のメカニズムにとって、問題となっていたのは実際、自らの支配力を儀礼的なやり方で見せつけることによって、主従関係を定期的に確認し強化することであった。身体刑とは、したがって、犯罪によって損なわれた君主権を、臣下と君主とのあいだの力の不均衡をあらためて目に見えるものとすることによって修復するための儀式のようなものだったのである。

以上のような「君主権的権力」に対し、十七世紀から十八世紀にかけて、それとは全く異なるタイプの権力が発達し、西洋社会のなかで大きな広がりを獲得することになるとフーコーは言う。「規律権力(pouvoir disciplinaire)」と呼ばれるその新たな権力は、一方の他方に対する支配力を誇示する代わりに、すべての人々を一様に監視し管理することで、「従順かつ有用」な個人を作り上げることを目指す。すなわち、以後、問題となるのは、非対称的な力関係を人々に見させることで自らを維持し強化することではもはやなく、一人ひとりに対して連続的で注意深い視線を注ぎつつはたらきかけることによって人々を「躾ける(discipliner)」ことなのだ。

このようなものとしての「規律権力」が社会全体を覆うようになり、学校、軍隊、工場などといったさまざまな場所において、有用かつ従順な個人を作り上げるためのさまざまな技術が練り上げられていく。そしてそれとともに、監獄への閉じ込めが、処罰のための自明な手段として急速に広がることになる。というのも、監獄とは、個人の自由が剝奪される場所であると同時に、まさしく、個人一人ひとりを連続的なやり方で管理、監視して作り変えることを目指す場所でもあるからだ。監獄は、「規律権力」を担う他のさまざまな施設と同様、絶えざる躾を行うための場所として価値づけられ、そのようなものとして広く受け入れられることになるのである。

そして、監獄に関してはそれ以上のことがあるとフーコーは言う。つまり、監獄的な監視と矯正のシステムは、ただ単にさまざまな「規律的」制度のうちの一つとして機能するばかりで

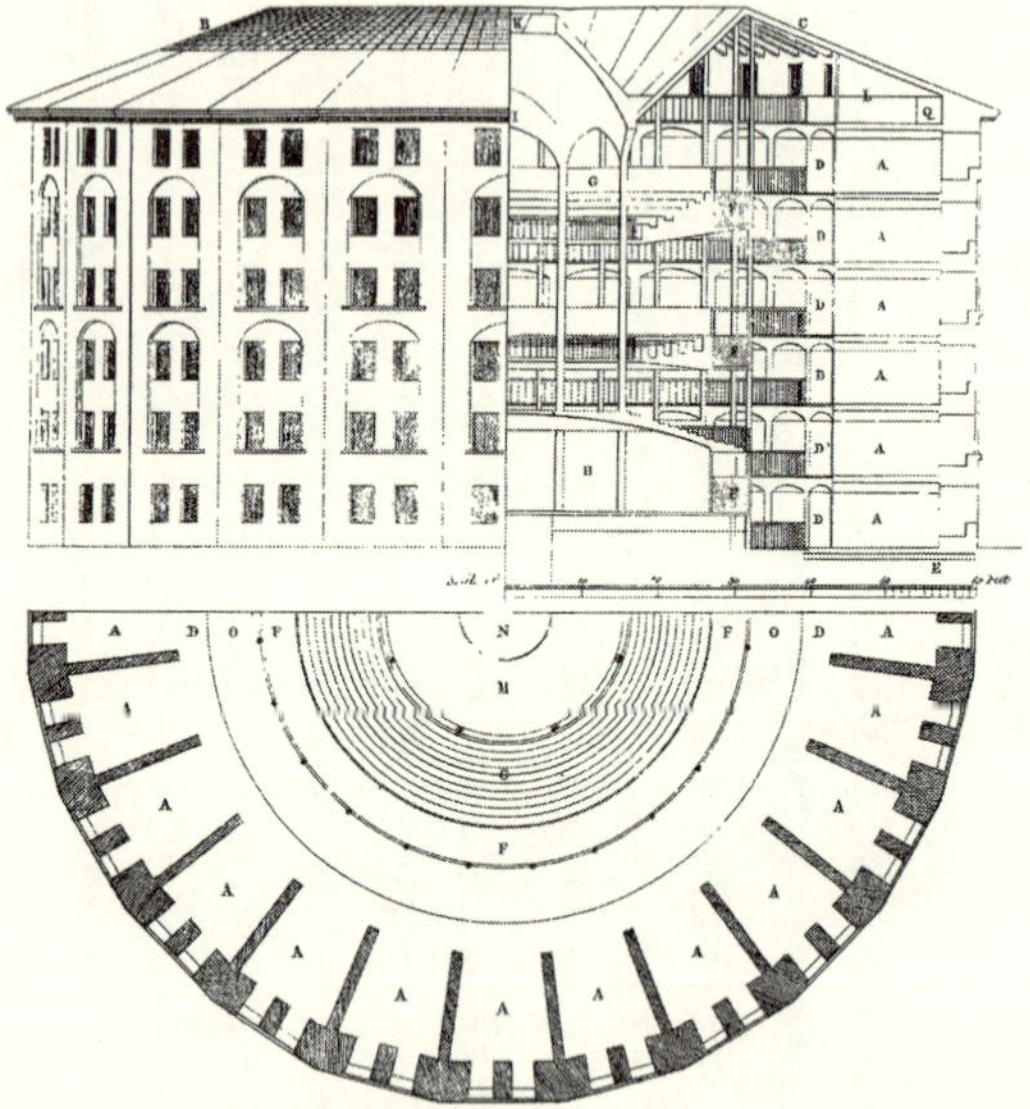

ジェレミー・ベンサムが描いたパノプティコンの構想図

はなく、他の制度に対するモデルとしても役立つのだ、と。そして監獄のそうした範例的役割を端的に示しているものとして描き出されるのが、「パノプティコン」と呼ばれる建築様式である。

パノプティコン

功利主義で知られるイギリスの哲学者ジェレミー・ベンサムによって考案された「パノプティコン」とは、中心に監視用の塔を置き、周囲の円環状の建物のなかに受刑者を留め置くための居室を配置した建築物のことである。この建築物においては、中央の塔からすべての居室を余すところなく見渡すことができる。その一方で、各居室からは塔のなかも他の居室も見ることができない。こうして受刑者は、自分が誰に見られているのか、そしてそもそも誰かに見られているのかどうかもわからない状態のなかで、常に監視されているという意識を持つことになる。見られずに見ることを可能にするこうしたシステムによって、いわば、権力が没個人化すると同時に自動化するということ。もはや誰が監視しているかわからない以上、監視するのは誰でもよい。そして極限においては、実際には誰も監視しなくてもかまわないのだ。

以上のような力関係を作動させるものとして、パノプティコンは、もはや監獄という特殊な施設専用のものではなく、一般化可能なモデルとなる。つまり、その建築様式にもとづく個別的かつ自動的な監視システムは、他のいかなる「規律的」施設においても利用可能なものであるということだ。病院や工場や学校など、個々人にはたらきかけて一定の行動様式を課すことが必要とされるさまざまな場所において、パノプティコン的な建築モデルは、極めて効率的で経済的なメカニズムとしてその効力を発揮するのである。

そしてこのパノプティコンには、注目すべきもう一つの側面がある。個々人の行動に制約を課すために役立つと同時に、この監視施設は、個々人を「客体化」するという機能も果たす。つまり、パノプティコンとは、個々人を個別的かつ注意深い視線を注ぐべき対象として構成しつつ、個々人に関する知の産出を可能にするシステムでもあるということだ。そして、権力のメカニズムと知の形成とが分からがたく結びついているという、このことこそ、『監獄の誕生』においてフーコーが提示する最も重要なテーゼのうちの一つに他ならない。

権力と知

すでに見てきたとおり、フーコーによれば、「君主権的権力」のもとでは支配する側の個人のみが自らの可視性を誇示していた。そこでは、圧倒的な威光に満ちた君主の個人性こそが、そしてそれのみが、万人によって見られるべきものとされていたということだ。

これに対し、「規律権力」の登場によって従順かつ有用な個人を作り上げることが問題となるとともに、権力関係の上方ではなく下方に位置する人々こそが、絶え間のない視線を注ぐべき対象とされることになる。つまり、そうした人々の一人ひとりが、観察や分類、記録や検査に委ねられて「個人化」されるということであり、こうして、躾けるべき個人が、同時に、知るべき客体として構成されるのである。

権力と知との関係に関しては、権力が留保される場合にのみ知は存在しうる、あるいは、知は禁止や利害から離れる場合にのみ発展しうる、などといった先入見が、西洋を古くから支配してきた。そうした伝統的な考え方に異議を唱えつつ、フーコーが主張するのは、「権力はなにがしかの知を生み出す」ということである。そして彼は、「規律権力」のメカニズムおよびそこで作動するパノプティコン的システムを分析することによって、一つの権力形態において実際に個人が知の客体として出現するプロセスを明るみに出すのである。

ところで、権力による知の産出を描き出す一方で、フーコーは、そのようにして構成された知の方もまた権力に対して作用を及ぼすということ、知の形成と権力の増強とのあいだには不断の相関関係があるということを強調する。権力と知とは互いに直接含み合っているということ。相互的で循環的なプロセスに従って、知が形成され、権力が増強されるということだ。

それでは、知が確かに権力によって構成されるとして、今度はその知が権力を呼び求め、強化するとしたら、それはいったいどのようなやり方によるのか。この問いに答えるための手がかりを与えてくれるのが、「非行者」をめぐるフーコーの分析である。というのも、彼はこの「非行者」を、監獄において知の特殊な客体として産出された者であると同時に、権力による介入のための特権的な道具とされる者として描き出しているからだ。

「非行者」とはどのような人物なのか。そしてその「非行者」に関する知がどのようにして権力の介入を新たに呼び寄せることになるのか。こうした問いを検討することによって、知と権力との包含関係に関する『監獄の誕生』の記述の射程を明確に把握することが可能となるだろう。

3　身体の監獄——自己を自己自身に繋ぎ止める権力

非行者と非行性

まず、「非行者」とは何者なのかということについて。

監獄は、そのパノプティコン的な監視のメカニズムによって、個々人に関する知を形成していく。そのなかで、知の客体のレヴェルにおいて一つの置換が生じることになるとフーコーは言う。以後、問題となるのは、ある一人の個人が実際に違法行為を犯した当の人物であるかどうかを知ることではなく、その個人がどのような人物であるのか、どのような生を送ってきたのか、どのような本能や衝動を持っているのか、などという問いに答えることである。「あなたは何をしたのか」ではなく、「あなたは誰なのか」と問われるようになるということ。すなわち、一人の個人について、犯した行為そのものの代わりに、異常性、逸脱、危険、病など、その個人を特徴づけるとされる諸々の要素こそが、明らかにすべきものとなるのだ。

そしてそこから、そうした諸要素によって決定されるものとしての犯罪者の個人性が、新たな知の客体として登場することになる。それは、いわば犯罪者とその犯罪とをあらかじめ結びつけ、犯罪以前に犯罪者を存在させることを可能にするような個人性、「犯罪者のささやかな魂」とみなされた個人性であり、これをフーコーは「非行性」と呼ぶ。そして「非行者」とは、その「非行性」に繋ぎ止められた者、その「非行性」を自らの「魂」として所持する者のことなのである。

そしてフーコーによれば、そのように権力のテクノロジーの効果として出現した「非行性」および「非行者」は、その権力にとっての特権的な標的ないし介入地点としての役割を果たすものでもある。つまりそれらは、処罰権力の産物であると同時に、その権力が作動するための重要な道具として役立つものでもあるということだ。では、「非行性」および「非行者」は、それを産出した権力をどのようなやり方で呼び寄せるのだろうか。そしてその際に生じる権力の介入はいかなるものとなるのだろうか。こうした問いに対して明確なかたちで答えてくれているのが、監獄の「成功」に関するフーコーの記述である。

監獄の成功

確認したとおり、「規律」のメカニズムの一端を担うものとして、監獄は、個人を従順かつ有用な者に作り直すことを自らの目的として定める。この目的に照らすならば、監獄は明らかに、常に「失敗」し続けている。というのも、監獄は結局、犯罪率を減少させることもできなければ、再犯を防止することもできず、矯正施設としての役目を十分に果たしていないからだ。

しかしフーコーによれば、監獄および処罰一般が実際に目指しているのは、個人を更生させたり違法行為を消滅させたりすることよりもむしろ、ある程度の自由を与えるべき人々と拘束力を強化すべき人々、排除し無力化すべき人々と有用性を見いだして利用すべき人々とを選別することであるという。つまり、犯罪者を種別化し、それぞれに対して最適なやり方で介入すること、そしてそれによってより円滑かつ効果的な管理および運営を行うことこそが目標とされているということだ。

そしてそうした目標を達成するために極めて重要な役割を果たしてくれるのが、異常性や危険性などといった諸要素によって規定されるものとしての「非行性」である。実際、そのような特殊な個人性によって個々人を識別し分類することができるとしたら、それによって、誰を拘束し誰を自由にすればよいか、誰が有用で誰が無用であるか、誰が無害で誰が危険であるかを決定するための支えが与えられることになるだろう。

監獄は確かに、犯罪者を作り変えることがほとんどできていないという点において「失敗」している。しかしそれにもかかわらず、監獄が依然として廃止されることもなく存続しているのは、「非行性」を産出し、それを処罰権力の一般的戦術のなかで利用可能なものとして配置したことが、監獄のこの上ない「成功」を表しているからに他ならない。違法行為とそれを犯す人々を、包囲したり、種別化したり、管理したり、利用したりすることを目指す権力にとって、「犯罪者のささやかな魂」としての「非行性」と、それに繋ぎ止められた者としての「非行者」は、極めて効果的な道具として機能しているのである。

ところで、ここであらためて検討したいのが、「非行性」と「非行者」との関係である。フーコーによれば、刑罰システムが「非行性」という新たな知の客体を産出し、その「非行性」に縛りつけられた個人が「非行者」として登場するということであった。権力にとって有用なものとしての「非行者」が可能になるのは、一人ひとりの個人にその魂ないしその真理としての「非行性」が組み込まれる限りにおいてであるということ。つまり、個人を「非行性」に縛りつける作用が、知と権力との相互的強化のメカニズムにおいて、いわば蝶番的な役割を果たすものとして想定されているのだ。

そして実はそうした作用こそ、刑罰制度をめぐるフーコーの探究にとっての第一の標的をなすものに他ならない。このことは、『監獄の誕生』冒頭部における「魂」に関する記述のなかではっきりと示されている。すなわち、そこでフーコーは、処罰権力のメカニズムが魂を産出してそこに個人を閉じ込めるプロセスに言及しつつ、そうした魂に関する系譜学的研究こそがこの書物の目的であると明言しているのである。

魂と裁判権力

フーコーが「魂」の系譜学について語るのは、身体刑から監獄への移行の際の刑罰の目標の変更が問題となるときである。処罰に関して十八世紀に提出された原則、すなわち、身体よりもむしろ魂を処罰すべきであるという原則に言及しつつ、彼は、そうした標的の移動が実際に起こったこと、そしてそれが司法制度における以下の三つの帰結をもたらしたことを示そうとする。

まず、裁判において、犯罪者の行為以外のものが裁かれるようになるということ。すなわち、犯罪行為に身を委ねた者の情念、その本能、その生活、その遺伝的影響などといった、行為の背後にあって行為を説明するとされるものが裁かれるようになるということだ。たとえば、情状酌量という措置が示しているのはまさしく、犯罪者の「非行性」ないしその魂が、量刑の判断に影響を及ぼす可能性である。

次に、裁判官に対して新たな任務が与えられるようになるということ。裁判官はもはや、犯罪の事実を立証し、誰が犯人かを特定し、その犯人に対して法の定める処罰を適用するという、裁判官本来の役割を果たすだけで満足してはならない。これに加えて、犯罪はなぜ起こったのか、犯罪者はどのような人物であるのか、その犯罪者をどのようにして矯正すればよいかを決定することもまた、裁判官の役割となるのだ。裁判において、犯罪者がどのような魂を持つ人物であるかを示すことが必要になるのである。

そして最後に、裁判官以外の者が、裁く役割の一端を担うようになるということ。精神科医は、被疑者が危険であるか、矯正可能であるかなどという問いに答えることによって、処罰の決定に参与する。また、行刑施設の官吏は、矯正プログラムのなかで受刑者に生じた変化に応じて、裁判官の決定した処罰を途中で変更する権限を持つ。つまり、魂ないし「非行性」の専門家たちが、いかに処罰すればよいかを定めるという任務の一端を担うようになるのである。

今日の司法制度においては確かに、魂が標的とされているということ。このことを確認した後、フーコーは、「近代の魂と新たな裁判権力との相関的歴史」についての研究を、『監獄の誕生』の目標として設定する。処罰の新たな適用地点としての魂の出現という問題が、探究の中心に据えられるのである。刑罰制度に関する歴史的探究は、「近代の「魂」の系譜学、もしくは、そうした系譜学の一部分であるということになろう」、というわけだ。

そして実際にその系譜学的研究に着手するにあたり、フーコーは、そのようなものとしての魂が、処罰する権力のはたらきによって「身体の周囲、その表面、その内部」に組み込まれたものであると同時に、権力と知との相関関係を作動させる「歯車装置」でもあることを、あらかじめ指摘する。人間の身体が魂に縛りつけられ、いわばそこに閉じ込められることによってこそ、その人間が支配のための部品として役立つものとなるということ。魂は「身体の監獄」

のようなものとして機能するということだ。人間をその魂ないしその真理に繋ぎ止める機能が、このように、監獄において作動している権力のメカニズムの核心部分に標定されているのである。

ところで、まさにここから、七〇年代の権力分析は、六〇年代の「考古学的」探究を直接的に引き継ぐものとして現れることになる。

権力と「人間」

前章までに見てきたとおり、六〇年代の言説分析の全体において、なかでもとりわけ六六年の『言葉と物』において問われていたのは、人間がどのようにして、至上の主体であると同時に特権的な客体として登場したのかということであった。真理が、人間から逃れ去るとともに人間を常に呼び求めるものとなるのはどのようにしてなのか。そしてそうした真理の構造がいわば主体のうちに滑り込まされ、人間の真理が真理の真理のようなものとして価値づけられて、「人間とは何か」という問いに比類のない特権が与えられるようになるのはどのようにしてなのか。要するに、歴史のなかで人間主体と真理とのあいだにどのような関係が結ばれたのか、そしてそこから人間をめぐるどのような探究がなされるようになったのかということが、「考古学的」探究を通じて問題とされていたのである。

この問題を、『監獄の誕生』は、刑罰制度の歴史をめぐる考察のなかであらためてとり上げ直す。権力のメカニズムのなかで、人間はどのようにして、自らの魂、自らの個人性、つまりは自らに固有の真理に縛りつけられた主体として構成されるのか。そしてそうした主体と真理との結びつきが、どのようなやり方で権力の増強のために役立つことになるのか。六〇年代の一連の著作を通じて問われていた主体と真理との関係をめぐる問いが、このように、新たなやり方で問い直されているのだ。フーコー自身もはっきりと述べているとおり、「魂」の系譜学は、人間に関する諸科学の歴史と刑罰制度の歴史とのあいだに「両者共通の母胎がないかどうか」を探ることを、その任務のうちの一つとしているのである。そして、実際に処罰権力の歴史的変化を辿り、「非行性」の産出とその効用について詳細な分析を終えた後、フーコーはこの書物の末尾において次のように断言する。すなわち、人間に関する諸々の探究が可能になったのは、それが、「権力の種別的で新しい一つの様態によってもたらされたから」である、と。「人間の出現」という出来事が、新たな権力関係の成立によってもたらされた帰結としてとらえ直されるということ。「魂」の系譜学は、このように、人間の認識可能性の成立という、「考古学」にとっての中心的問題として扱われていた問題に対して、新たな視点から新たな回答を提示するものとして自らを差し出すのである。

フーコーにおいて、権力という主題は、一方では確かに、彼がかかわりを持ったいくつかの出来事との関連で浮上してきたものであると言えるだろう。しかし他方、その主題は、言説分析の内部において登場したものでもある。そして『監獄の誕生』において展開される権力分析は、実際、「考古学的」探究を、以前とは別の観点から引き継ぐものとして現れるのだ。「魂」に関する系譜学的探究は、人間主体がどのようにして自らの真理に繫ぎ止められるのかという問いを、権力のメカニズムとの関連であらためて提出する。そしてそこから、「人間」の発明が、我々の思考に対してのみならず、我々の身体や行動に対しても拘束力を及ぼす出来事として、あらためて告発されることになるのである。

第六章　セクシュアリティの歴史

——『性の歴史』第一巻『知への意志』

一九七五年の『監獄の誕生』は、歴史学者たちの一定の沈黙や左翼からの慎重な反応はあったにせよ、大きな成功を収めた。とりわけ、身体刑の情景描写やパノプティコンのメカニズムに関する記述は、さまざまな著者によってたびたび引用されることになったのだった。

そしてその翌年、フーコーはただちに新たな著作を世に出す。それが、『性の歴史』第一巻『知への意志』である。

やはり権力の問題を扱いながらも、今度は刑罰制度ではなくセクシュアリティをテーマとして設定しつつ、長大な研究の序論のようなものとして単独で出版されたこの書物もまた、前年の著作に続いて大反響を呼ぶ。とくにフェミニズムや性解放の運動において熱狂的に迎えられ、フーコーを聖人と崇める人々まで出現させることになるこの『知への意志』について、これから以下の順序で検討していきたい。まず、この著作において性に関して企図されている探究とはいかなるものであるのかを把握する。次に、そのなかでフーコーが、『監獄の誕生』において展開された権力分析をどのように引き継ぎ、どのように発展させようとしているのかを明確に示す。

1　性と言説――煽動する権力

性の歴史という企図

まず、一九七六年の書物がセクシュアリティの歴史をどのようなやり方で扱おうとしているのかということについて。

これに関してまず指摘しておかねばならないのは、『ミシェル・フーコー伝』のなかでディディエ・エリボンも述べているとおり、『知への意志』が、フーコーの以前からの研究計画と時代の動向とが交叉する地点に生まれた著作であるということである。

一方において、性の歴史研究に関する構想は、古くからフーコーのうちにあったものである。『狂気の歴史』初版の序文にはすでに、「性的禁忌」の歴史を研究する必要性が語られていた。また、『知の考古学』にはセクシュアリティをめぐる言説実践を対象とする「考古学的」記述の可能性が述べられていたし、さらには『言説の領界』においても「セクシュアリティに関する言説に対して課される禁忌についての研究」が将来的な企図として掲げられていた。つまり、『性の歴史』は、長年にわたって温められてきたテーマをついに実現すべく企図されたものであるということだ。

ただし、このテーマに関する探究は当初、限界、分割、排除など、もっぱらネガティヴな語彙のもとで構想されていた。これに対し、『知への意志』で提示されるのは逆に、権力のポジティヴなメカニズムを標的として定める研究である。処罰形式に関する分析を通じてもたらされた「逆転」を経て、セクシュアリティの問題は、抑圧や禁止や隠蔽といった観点からではなく、権力による知や言説の産出という観点から扱うべきものとなるのである。

そしてまさにこの点において、フーコーの企ては、性の問題をめぐる時代の動向に対する一つの応答として示される。実際、五月革命以後、解放のイデオロギーが拡大し、さらには精神分析学が隆盛を極めるなかで、件の問題は、当時のフランスにおける大きな争点となっていた。性の抑圧およびそこからの解放をめぐる言説が次から次へと大量に産出されていたということであり、『知への意志』は、何よりもまず、性に関するそのような饒舌を、権力がもたらすポジティヴな作用と関連づけながら検討に付そうとするものとして現れるのである。

抑圧の仮説

性に関して抑圧を取り除くことの重要性、性の解放をもたらす必要性を強調する際、人々が拠り所としていたのは以下のような仮説であるとフーコーは言う。ヨーロッパでは、十七世紀初頭まで、性の自由が享受されていた。しかしその後、資本主義の発展などに伴い、性は、夫婦を単位とする家庭に閉じ込められ、もっぱら生殖のために役立つものとしてのみ許されるようになった。そしてそれと同時に、結婚の外での性の実践は、非難され、禁止されることになったのだ、と。

こうした「抑圧の仮説」を、フーコーは次のようなやり方で問い直そうとする。性に関する禁止や排除が事実であるとしても、それにしても我々はなぜ、かくも声高に性の抑圧を告発し、解放が急務であるとかくも執拗に訴えるのか。むしろ、もっぱら言説の産出という点に注目するならば、性の抑圧ではなく、何世紀にもわたる性の煽動を見いだすべきではないのか、と。

ヨーロッパでは確かに、性についてある種のタブーが作り上げられ、使用可能な語彙の選別も行われてきた。しかしその一方で、とりわけ十八世紀以来見いだされるのは、性に関する言説の夥しい増殖である。教育、医学、裁判などといった、権力が行使されるさまざまな場において、性についてますます多くのことが語られるようになってきているということ。いくつもの場所で、いくつもの観点から、「性の言説化」が煽り立てられているということだ。

そして、性のそうした「言説化」において本質的な役割を果たしてきたとフーコーがみなすもの、それが、何世紀にもわたって西洋に存続してきた告白の実践である。

告白

フーコーによれば、西洋において告白は、少なくとも中世以来、真理の産出のための主要な手続きのうちの一つとされてきたという。最も日常的な次元から最も厳かな儀式に至るまで、何らかの真理を明るみに出すために、いたるところで告白がなされてきた。西洋社会は、比類のないほどに告白を好む社会なのだ。そしてそうした告白の実践において、性は、古くから特権的な題材とされてきた。カトリックの告解の伝統のなかで、性にかかわる罪の告白にとくに大きな重要性が付与されてきたということであり、これが、十八世紀以降、多様化しつつ社会に大きく拡がっていったのである。

ところで、性に関する告白のそうした長い歴史のなかで、とりわけ重要な契機として見いだされるのが、キリスト教の悔い改めの秘跡における変化である。すなわち、とくに対抗宗教改革以後、告白すべき姦淫の罪の重点が、行為そのものから、行為とは別のものへ、つまり、欲望や快楽といった、行為の背後にあって行為を引き起こすとされるものへと移動するということだ。そしてここから、そうした欲望や快楽を言葉にしようと努めるべしという至上命令が下されることになる。性と何らかのかかわりを持つ無数の感覚や思考を語るという、「ほとんど終わりのない任務」が課されるようになるのである。

そして、古くは修道制において形成され、十七世紀にはすべてのよきキリスト教徒のための規則になったという、そうした性の言説化の企てが、十八世紀になって大きく社会に拡がることになる。それは、その企てが、近代的な権力と知との相関関係のなかでとり上げ直され、強化されるからであるとフーコーは言う。つまり、快楽や欲望といった、一人ひとりの行動を裏打ちしているとされるものに関する言説が、政治的、経済的、技術的な関心にもとづいて絶え間なく採取され、それが肉体や生命を語る科学の言説に連結されるということだ。一人ひとりに自らの性を際限なく語らせることによって真理を産出するための「装置」が、ここに構成されるということ。そしてフーコーによれば、その装置によって、「性とその快楽に関する真理」として生み出されたもの、それが、「セクシュアリティ」なのである。

セクシュアリティとはいったい何か。それは、性の言説を煽動する「装置」によってどのようにして産出されたのか。そしてそれは、性をめぐる権力の戦略のなかにどのように位置づけられうるのか。こうした問いに対してフーコーは、一方では『監獄の誕生』ですでになされていた「規律権力」の分析をとり上げ直すことによって、そして他方では、一九七六年の著作において新たに見いだされるもう一つ別の形態の権力について考察することによって答えようとする。

2 従属化――主体であると同時に臣下である者の産出

「同性愛」の誕生

まず、『知への意志』が、『監獄の誕生』においてなされた「規律権力」をめぐる分析をどのように引き継いでいるのかについて見ていこう。

性の告白およびセクシュアリティの産出に関してまず問題とされているのは、個人化のメカニズムである。告白は、権力が一人ひとりの個人を客体として構成する手続きの核心にあるものとして扱われる。そしてセクシュアリティは、権力によって一人ひとりに組み込まれる個人性のようなものとされる。つまり、一九七五年の著作が「規律権力」の効果として描き出したメカニズムが、新たな領域に関する探究のなかで正確にとり上げ直されているのだ。

告白を中心とする性の言説化によって産出されるセクシュアリティは、いわば、監獄での監視や観察によって産出される「非行性」のようなものであるということ。このことを示唆しているのが、「同性愛」という「倒錯的」セクシュアリティの確立およびそれによってもたらされる「個人の新たな種別化」に関するフーコーの記述である。

同性同士の性の営みは、かつては禁止された行為のうちの一つにすぎなかったとフーコーは言う。これが十九世紀以来、個人をその行為へと駆り立てる「特異な本性」の問題としてとらえ直されるとともに、そこに新たな登場人物が出現する。すなわち、行為の背後に、その行為の原理としてのセクシュアリティ、「魂の両性具有」としての「同性愛(ホモ・セクシュアリティ)」が探し求められるようになり、それを所持する個人が、「同性愛者(ホモ・セクシュアル)」という「一つの種族」として存在し始めるのである。

また、そのようなものとして産出されたセクシュアリティが権力の介入を呼び寄せるものであるということについても、フーコーは別の箇所で明確に語っている。すなわち、権力の拡張がセクシュアリティを増殖させる一方で、セクシュアリティの方は、自らを「介入の表面」として差し出すことによって、権力の増大をもたらすのだ、と。

実際、「倒錯的」セクシュアリティが特異な本性ないし特殊な個人性として打ち立てられたならば、それに関する知は、個人を識別して分類することを可能にするだろうし、治療、差別、排除といった措置に根拠を与えることにもなるだろう。セクシュアリティは、このように、「非行性」という「犯罪者のささやかな魂」と同様、権力の効果であると同時に道具でもあるものとして描き出されているのである。

そして、やはり処罰権力に関する探究のなかで、知と権力とのそうした相関関係において蝶番的な役割を果たすものとして標定された作用、すなわち個人をその個人性に縛りつける作用に関して言えば、これについては、『知への意志』において、より明示的なやり方での考察がなされることになる。

セクシュアリティに個人を繋ぎ止める権力の作用について、フーコーはそれを次のように語っている。すなわち、無数のセクシュアリティを産出して現実のなかにまき散らしながら、権力はそれを、「身体の内部に侵入させ、行動の下にしのびこませ、分類と理解可能性の原理とし、無秩序の存在理由であり自然的秩序であるものとして構成する」のだ、と。一つの本性ないし一つの魂を産出しつつそれを個人の身体のうちに組み込むとともに、それによって個人に対する支配力を強化するという、権力のそうした二重の作用を指し示すために、フーコーはここで「従属化(assujettissement)」という語を用いる。権力のメカニズムのなかで、一人の個人が、「語の二重の意味での《sujet》」として構成されるということ。すなわち、一つの真理ないし本性を自らに固有のものとして保有する主体(sujet)であると同時に、権威に服従する臣下(sujet)でもあるような者が作り出されるということだ。

この「従属化」という語は、実は、『監獄の誕生』においてすでに幾度となく用いられていた。ただしそこでは、この語はいまだ概念的に練り上げられておらず、概ね支配関係において個人に課される権力の作用一般を指し示すものとして使用されていた。

これに対し、『知への意志』はこの語を、権威への従属と自分自身の個人性への従属という、二重の従属を意味するものとして提示する。個人をその真理ないしその魂に縛りつけるという、一九七五年の著作において権力のメカニズムの核心部分に見いだされていた作用が、ここにより明確なやり方で描き出されているのだ。

そして、性をめぐるそうした「従属化」の作用の分析から出発して、フーコーは、二つの問題に対する新たなアプローチへと導かれることになる。その二つとはすなわち、主体に関する知の歴史的形成という問題と、権力に対する抵抗の問題である。

主体の学

まず、権力による「従属化」と主体に関する知の形成との関係について。

フーコーによれば、セクシュアリティの装置による「従属化」の作用は、種々の性的な自己同一性に繋ぎ止められた主体の構成を可能にしただけでなく、そこから出発して、主体の真理そのものをめぐる探究のための起点を提供することにもなったという。性は我々にとってかくも重要かつ秘められたものである以上、性こそが、我々自身の最も奥底にある秘密を明かしてくれるのではあるまいか。つまり、性について語ることによって、今度はその性が、我々の真理を語ってくれるのではないか、というわけだ。

こうして、人間主体に関する知が、それもとりわけ、主体における因果性や主体の無意識など、主体において主体自身が知らないことについての知が、性をめぐる言説のなかで形作られていく。「主体の学」が、性の問題を中心として繰り広げられるようになるということだ。性こそが「我々の真理を闇のなかで握っている」とみなされることで、性の真理が、いわば我々自身の真理の真理のようなものとして価値づけられるようになるのである。

前章で確認したとおり、『監獄の誕生』における「魂」の系譜学の企ては、人間の登場という、六〇年代のフーコーの研究にとって問題とされていた認識論的出来事を、その権力分析のなかであらためてとり上げ直そうとするものであった。これと同様、『知への意志』においてもやはり、セクシュアリティの装置による性の真理の産出が、人間主体とその真理をめぐる探究に関連づけられている。しかしここにはとくに注目すべきことがある。それは、この一九七六年の著作が、「主体の学」における性の問題の比類のない特権を強調しているということだ。

人間の真理を、真理の真理ないし真理の魂のようなものとして価値づけようとすること。これが、六〇年代の「考古学的」研究によって人間学的思考の特徴として示されたことであった。そうした人間主体の特権化が、今度は、性という特殊な問題の特権化に結びついたものとして問い直されることになる。性の真理が、人間の真理の真理、あるいは人間の魂の魂とみなされるようになるのは、いったいどのようにしてなのか。こうした問いのもとで、セクシュアリティの装置に関するフーコーの探究は、人間と真理との結びつきをめぐる歴史的考察を、性の言説化という出来事を中心に組織し直そうとしているのだ。

戦術上の逆転

次に、権力に対する抵抗の問題について。

刑罰制度およびセクシュアリティの装置に関する歴史研究のなかで、フーコーは、伝統的な権力理論が孕んでいる問題点を指摘しつつ、権力について考えるための新たなやり方を練り上げる。そしてそれとともに、権力に抗するための闘いについてもやはり、それをこれまでとは異なるかたちで行う必要性が主張されることになる。

フーコーによれば、権力の関係は、支配と被支配、抑圧と被抑圧との対立としてではなく、そうした二項対立を可能にする「無数の力関係」として理解されねばならない。権力は、奪ったり奪われたりするモノとしてではなく、錯綜した戦略的状況のようなものとしてとらえられねばならないということだ。その限りにおいて、「権力はいたるところにある」と言うことができる。そしてそうである以上、抵抗は、権力に対し、「決してその外側に位置するものではない」ということになるだろう。

もちろんフーコーは、我々は常にすでに権力に囚われとなっており、権力に逆らおうとしても無駄である、などと主張しているわけではない。彼は逆に、権力のあるところには必ず抵抗があること、そしてそもそも権力関係が可能となるには抵抗が必要であることを強調している。

しかしそれでは、そうした抵抗を具体的にどのようなものとして考えればよいのだろうか。権力の外に逃走しようとするのでもなく、支配者から権力を奪い取ろうとするのでもないとすれば、権力に抗する闘いはいったいどのようにしてなされうるのだろうか。

抵抗が現実のなかで具体的にどのような形態をとりうるかということに関して、フーコーがまず示すのは、権力の効果であると同時に道具であるような言説を戦術的に逆転させることによって、その言説を抵抗の拠点として利用する可能性である。すなわち、権力の維持および強化に貢献すべく機能している言説を、正反対の戦略に役立つもの、権力を弱体化したり妨害したりするものとして使用することができるということだ。そしてそうしたやり方を用いることで実際に成果を挙げたものとして挙げられるのが、「同性愛」をめぐる性解放の運動である。

フーコーが、一九六〇年代末以来、社会的闘争に自ら積極的に参加するようになったということについては、すでに述べておいたとおりである。GIPの主宰をはじめとして、彼は実際、人種差別反対の集会やデモに加わったり、さらにはスペインや東欧の反体制派を支援したりといった、さまざまな活動に身を投じていた。しかしその一方で、彼は、性解放運動に対しては常に消極的な態度を保っていた。自分自身の性的指向を隠そうとするわけでもなく、かといってそれを声高に訴えるわけでもなく、そうした運動から一定の距離を置こうとするフーコーの身振りは、『知への意志』をバイブルのようなものとして、またその著者を「聖人」のようなものとして崇める活動家たちの熱狂と、際立った対照をなすものであった。

とはいえこれは、フーコーが性解放運動を否定していたということではない。『知への意志』において、さらにはいくつかの対談において、彼は、まさしく戦術的な逆転を実行したという点において、そうした運動の有効性を認めているのである。

十九世紀に性倒錯の一つとしての「同性愛」が打ち立てられることによって、一方では、その領域に対する社会的管理が押し進められることになった。しかし他方、そのようにして「同性愛者」とされることになった人々自身が、そうした管理に対抗するために、自らのセクシュアリティについて語り始め、その正当性ないし自然性を主張することになる。「同性愛」が一つの倒錯であり、一つの病であるとしよう。しかしそれならばなぜ、病者としての我々を、断罪したり蔑視したりするのか、と。つまりここでは、自らのセクシュアリティを貶める用語やカテゴリーそのものを用いながら、それを肯定的に利用するという、戦術的な逆転がなされているのである(『思考集成』358)。

権力を遍在する力関係としてとらえる限りにおいて、解放運動は確かに、権力関係の外への脱出を可能にするものとはみなされえない。しかし、そうした力関係の内部そのものにおいて、抑圧ないし管理のために用いられる言説をいわば逆手に取り、抵抗の手段として機能させることは可能であるし、実際にそのような抵抗が行われてきたのだ。こうしてフーコーは、性解放運動を、権力との闘いにおいて確かに重要な役割を果たしたものとして評価するのである。

「従属化」との闘い

しかし、解放運動の有効性をそのように認める一方で、フーコーは他方、その限界にも明確なやり方で言及している。彼によれば、一般に「解放」という主題を扱う際には十分な警戒が必要である。というのも、この主題は、抑圧されたり隠蔽されたり疎外されたりしてきたとされる一つの本性のようなものを、あらかじめ想定してしまう傾向を持つからだ(『思考集成』356)。実際、すでに見てきたとおり、『知への意志』において試みられているのはまさしく、「特異な本性」として自らを提示するセクシュアリティが、権力のメカニズムのなかでどのようにして構成されたのかを解明することである。そうしたメカニズムに視線を向けようとせず、セクシュアリティを自明の所与として認め続ける限り、それを産出した装置そのものは無傷のままに残ることになるだろう。

解放運動による戦術上の逆転は、状況を打開するための突破口とはなりうるとしても、権力関係に根本的な転換をもたらすには至らないということ。したがって、セクシュアリティの産出によって機能する権力に対して抵抗するためには、セクシュアリティそのものに対して闘いを挑むことが必要となるだろう。特定の性的欲望を抑圧から解放しようとするのではなく、自分自身のなかに組み込まれたセクシュアリティから自らを解放しようとすること。一つのセクシュアリティに縛りつけられること、一つの自己同一性のなかに閉じ込められることを、徹底して拒絶すること。要するに問題は、個人を一つの真理ないし一つの魂に繋ぎ止めつつ支配を強化するものとしての「従属化」の権力に抗うことなのだ。

ところで、そのようにセクシュアリティという概念そのものを根本的に問題化しつつ、それを批判的に検討することこそまさしく、『知への意志』におけるフーコーの企てそのものに他ならない。そうである以上、『性の歴史』を書くことそのものがすでに、一つの闘いであるということになろう。性をめぐるフーコーの言説は、それ自身、個人をそのセクシュアリティに繋ぎ止める権力に対する一つの闘いであり、「従属化」の戦略に対する一つの挑戦なのだ。

高等師範学校以来のフーコーの友人であり、コレージュ・ド・フランスでは同僚でもあった歴史学者ポール・ヴェーヌは、その評伝的著作『フーコー　その人その思想』のなかで、ペンという刀を携えるサムライの肖像を描き出している。「火打石のごとく冷徹な一人のサムライ」として、フーコーは、街頭に立つ闘士であると同時に、そしてそれ以上に、自らの言説をもって闘いに身を投じる戦士だったのである。

そしてそのフーコーの言説が、「従属化」の作用に対抗すべく、自らに課された自己同一性から身を引き離そうという試みに寄与するものであるとしたら、それが目指すのは、ここでもやはり、自分自身からの脱出であると言えるだろう。

六〇年代の「考古学的」探究は、フーコー自身がかつて専心していた人間学的思考からの解放を企図したものであった。そうした自己からの離脱の身振りが、七〇年代の権力分析においては、権力の伝統的な考え方との決別として、さらには権力に対する抵抗のための根本的なやり方として示されているのだ。新たなやり方で思考を再開するためだけでなく、権力の戦略に対して否を唱えるためにもまた、フーコーは、同じままにとどまり続けることの徹底した拒絶を表明するのである。

3　生権力――「生かすか、それとも死ぬに任せておくか」

身体と「人口」

以上のとおり『監獄の誕生』において提示されていた「規律権力」に関する探究をさらに深めていく、その一方で、『知への意志』においてフーコーは、西洋において「規律権力」にやや遅れて成立したとされるもう一つ別の権力形態を描き出す。そして彼は、それら二つの形態をその両極とするものとしての包括的な権力を標定し、それを、人間の「生」に積極的に介入しようとするものとして特徴づけようとするのである。

『知への意志』によれば、かつての「君主権的権力」は、人々の生に対して消極的なやり方でしかはたらきかけていなかったという。君主は、臣民の生に関して自らが保持する権利を、命を奪ったり奪わなかったりすることによってのみ行使していた。つまり、生に権力が介入するのは、生に終止符を打つときに限られていたということだ。

これに対し、古典主義時代になると、人間におけるさまざまな力を増大させるために、生に対して積極的に介入しようとする権力が登場することになる。人々の生をしかるべきやり方で管理、運営しようと企てるものとしてのその権力こそ、フーコーによって「生権力」と呼ばれるものである。彼によれば、「生権力」は、十七世紀以来、何をその標的として定めるかに従って、二つの主要な形態において発展してきたという。

一方に見いだされるのが、身体を標的とするものとしての「規律」である。監視や調教によって身体を従順かつ有用なものに作り変えたり、その力を強奪して効果的な管理システムに組み込もうとしたりする「規律権力」のメカニズムが、人々の生に対してはたらきかける一つのやり方としてとらえ直されるということだ。

そして他方には、「規律」に対しやや遅れて十八世紀半ばに形成されたものとしての「調整」ないし「生政治」。これによって標的とされるのは、個々の身体ではなく、「人口（population)」である。

《population》というフランス語は、通常、一定の地域に住む人々の総体や、特定のカテゴリーに属する人々の総体、さらには、統計学的調査の対象となるような生物学的個体群を指し示す。そうした語義を踏まえつつ、フーコーは、「人口」という語を、生物学的法則によって支配されているものとしての人間集団という意味で使用する。繁殖や誕生、寿命や死亡率、健康水準などといった、ヒトという種に固有の諸現象が問題とされるということであり、その「人口」に介入してそれを管理しようとする権力が、個々の身体にはたらきかけてそれを作り変えようとする権力の傍らに、新たに標定されるのである。

身体をめぐる「規律」と、「人口」をめぐる「調整」を両極として、人々の生を全面的に攻囲しようと目指す権力が組織化されるということ。そして、そうした攻囲を行うために形成されるさまざまな技術、さまざまな装置のなかで、最も重要なものの一つとしてフーコーによって挙げられるのが、まさしく、セクシュアリティの装置なのである。

性と生

セクシュアリティの装置に与えられるそうした特権的地位は、性が、「生権力」の二つの形態の繋ぎ目に位置づけられるものであることによって説明される。性は実際、細部にわたる監視や時間的および空間的な統制など、身体に対する権力の一式を呼び寄せる、その一方で、大々的な措置や統計学的調査など、「人口」に対してはたらきかける契機ともなる。性は、身体の生に対しても、種の生に対しても、介入のための手がかりとして役立つものであるということ。性とは、「規律の母型」としても、「調整の原理」としても用いることのできるものであるということだ。

したがって、そうした権力のなかで産出されるセクシュアリティについても、その二つの側面を考える必要があることになる。一方には、個々人の一人ひとりがそこに繋ぎ止められる欲望の真理としてのセクシュアリティ。そして他方には、一つの社会の政治的エネルギーおよび生物学的な活力を指し示すものとしてのセクシュアリティ。そのように二重の様相を持つものとしてのセクシュアリティが、生の運営を中心として組織される権力にとって特権的な道具として構成されるということであり、性の言説の爆発的な増大の要因もここに標定されるのである。

統治の技法

ところで、身体をめぐる「規律」と、「人口」をめぐる「調整」ないし「生政治」という二つの権力形態を見いだした後、フーコーは、一九七〇年代後半の自らの研究を、とりわけ後者に焦点を定めて進めることになる。このことは、コレージュ・ド・フランスにおいて当時行われた一連の講義のなかに明らかなやり方でしるしづけられている。

まず、一九七五―七六年度講義『社会は防衛しなければならない』の最終日において、「人口」、「生政治」、「生権力」といった一連の概念が導入される。政治的、科学的、生物学的問題としての「人口」の出現とともに、権力の問いが、「死なすか、それとも生きるに任せておくか」から「生かすか、それとも死ぬに任せておくか」へと移行するということ。そうした移行に関する考察から出発して、フーコーは、人種主義の問題、さらにはナチズムや社会主義国家といった具体的問題を、新たなやり方で思考する術を探ろうとするのである。

その後、一年間の研究休暇を経て、一九七七―七八年度講義『安全・領土・人口』では、全面的に「人口」に狙いを定めた探究が開始される。そこで問われるのは、「人口」という概念をめぐる、そして「人口」の「調整」のためのメカニズムをめぐる政治的な知が、歴史のなかでどのように形成されたのかということである。そしてそうした探究のなかで新たに浮上するのが、「統治」という問題である。牧者のような者が人間の群れを全体的かつ個別的に導くこととしての統治の技法、とくにヘブライ社会において大きな重要性を持っていたとされるその技法が、キリスト教によって西洋に導入され、そこから国家に関する統治が従うべき合理性としての「国家理性」の出現および確立がもたらされるに至るプロセスに関して、詳細な分析が展開されるのである。

　そしてその翌年度の講義『生政治の誕生』は、前年度講義を引き継ぎながら、今度は、統治を合理化するための新たな原理および方法としての「自由主義」について、それがどのようにして登場し、どのようにして「国家理性」に取って代わったのかと問うことになる。よりいっそうの統治を行おうとするのではもはやなく、いかに統治しすぎないようにすればよいかということが問題となるということ。そしてそれとともに、そもそもなぜ統治が必要なのかという問いが、国家の名においてではなく、当時新たに出現したものとしての「社会」の名において提出されるようになるということ。自由主義的な統治技術の登場をこのように特徴づけるとともに、フーコーは、生と「人口」にかかわる問題がその新たな技術の内部で提起されるやり方についての探究を、今後の自らの課題として掲げるのである。

『安全・領土・人口』講義の末尾において、フーコーは次のように強調している。すなわち、個々人の身体というミクロのレヴェルにかかわる権力と、社会や国家といったマクロのレヴェルにかかわる権力とのあいだに切断はなく、したがって、一方に関する分析は他方に関する分析にいかなる困難もなしに合流するのだ、と。こうした想定にもとづき、一九七〇年代後半におけるコレージュ講義では、もっぱら「人口」および「生政治」をめぐる考察が進められていく。個人の「従属化」に関する微視的な分析ではなく、統治や国家に関する巨視的な分析が、数年にわたり、フーコーの研究活動において前面に押し出されるのである。

『監獄の誕生』の成果を踏まえつつ、性という新たな領域を、新たに標定された権力形態とも関連づけながら探査すること。すなわち、性の言説の氾濫という問題を、個人および「人口」という両極において人間の生に介入する権力のメカニズムを考慮に入れつつ考察すること。これが、『知への意志』に見いだされた『性の歴史』の企図である。一九七〇年代後半のコレージュ・ド・フランス講義の展開は、したがって、そうした企図の実現に向けた歩みを着実に進めていったものであるようにも見えるだろう。

しかし実際には、八〇年代に入ると同時に、フーコーの研究には大きな方向転換が生じることになる。つまりそこでは、もはや十八世紀以降の権力のメカニズムではなく、全く別の時代が、全く別の問題設定のもとで扱われることになるのだ。そしてそれとともに、『性の歴史』の続巻も、当初の計画に示されていたものとは全く異なるやり方で再編成されることになるのである。

第七章　自己をめぐる実践
――『性の歴史』第二～四巻と晩年の探究

前章で見たとおり、一九七〇年代後半のフーコーは、「生権力」に関する考察を、もっぱら「人口」をめぐる「調整」の権力に焦点を定めて進めていた。ところが、一九七九―八〇年度のコレージュ・ド・フランス講義において、その研究がいわば突然中断され、代わって新たな探索が開始される。『生者たちの統治』と題されたその講義では、もはや十八世紀以降の権力関係ではなく、キリスト教初期における自己をめぐる実践が問題とされるのである。

そして翌年度以降、フーコーの講義は、帝政期ローマへ、次いで古典期ギリシアへと、さらに時代を遡っていく。そしてそれとともに、『性の歴史』の出版計画にもやはり根本的な変更が生じることになる。すなわち、もはや十八世紀以降の西洋におけるセクシュアリティの装置の形成ではなく、古代世界における自己の自己との関係のなかで性が問題化されるやり方を扱うものとして、研究が再編成されることになるのだ。「生政治」や統治に関してなされた考察は、結局、著作のかたちに結実することなく終わってしまうのであり、一九八四年に刊行される『性の歴史』の第二巻および第三巻、そしてフーコーの死後三十余年を経て二〇一八年によようやく刊行される第四巻は、第一巻で提示されていた構想とは根本的に異なるかたちで姿を現すことになるのである。

八〇年代にフーコーの問題設定および研究領域にもたらされたこの抜本的な変更を、いったいどのように考えればよいのだろうか。そして、自己をめぐる実践という新たな軸のもとで行われるのは、いったいどのような探究なのだろうか。

1　新たな離脱――同じままであり続けぬために

いくつかの出来事

まず、どのようにしてフーコーの研究が、権力から自己との関係へ、古典主義時代以降の西洋から古代世界へと導かれたのかということについて。

『性の歴史』第一巻が世に出た一九七六年から、第二巻および第三巻が出版される一九八四年までの八年間のあいだに、フーコーは、いくつかの大きな出来事とかかわりを持つ。そのうちとくに注目に値するものとして、まず、一九七八年一月に始まり、一九七九年二月のイスラム共和制樹立をもたらしたイラン革命がある。イタリアの日刊紙の依頼により、一九七八年に二度テヘランへの調査旅行に赴いて、革命に対して好意的な数本の記事を書いたフーコーは、その後のイスラム独裁政権下でもたらされた惨劇によって、痛烈な批判に晒されることになった。またフランス国内では、一九八一年五月にフランソワ・ミッテランが第二一代共和国大統領に就任する。フーコーは当初政権を支持していたものの、同年十二月にポーランドで起こった争乱の際のフランス政府の不介入をきっかけとして、彼をはじめとする「左翼知識人」とフランス初の社会党政権との関係は早々と悪化していったのだった。

こうした世界的レヴェルの大事件に加えて、フーコー個人においてもやはり特記すべきことが起こる。まずは、一九七八年七月に起こった自宅前での交通事故。車のボンネットにたたきつけられたときにいったんは死を覚悟したということ、そしてこのとき以来自分の人生は変わったのだということを、フーコーは友人クロード・モーリヤックに対して述べたという。さらには、アメリカ合衆国へのたびたびの渡航がある。フランス国内に腰を落ち着けた一九七〇年代以降も、フーコーは、日本にも二度訪れるなど、国外における学術的活動を積極的にこなしていた。そうしたなかで、とりわけ合衆国では、一九七〇年から一九八三年まで、カリフォルニア大学バークレー校をはじめとするいくつもの研究機関でセミナーや講演を行う傍ら、サンフランシスコのゲイサウナに足を延ばしたり、デスヴァレーでＬＳＤを試したりするなど、いくつかの新たな体験を得たことが伝えられている。

以上のようなエピソードの数々は、おそらくフーコーの生において大きな重要性を持つものであっただろうし、それが彼のなかで、世界との、さらには自分自身とのかかわり方を変化させたということも十分考えられる。しかし、フーコーにおける研究の軸の移動について、そしてとりわけ『性の歴史』の研究計画の根本的変更がどのようにして起こったのかという具体的な問いについて考察するためには、そうした推測に身を委ねる前に、まずはフーコー自身がそれについて語っている言葉に耳を傾ける必要があるだろう。そして実際、その言葉を、彼の晩年のコレージュ講義の展開および『性の歴史』続巻の内容に照らし合わせて検討してみるならば、軸の移動とその帰結がどのようにして導かれたのかということが、明らかなやり方で浮かび上がってくることになるだろう。

欲望の解釈学

セクシュアリティをめぐる探究が、なぜ当初の構想とは異なる新たな方向へと向かうことになったのか。このことについては、『性の歴史』第二巻『快楽の活用』の序論のなかに、明確な説明を見いだすことができる。

フーコーによれば、個人が自分自身をセクシュアリティの主体として認めるやり方に注目して考察を進めるうちに、「欲望」もしくは「欲望する主体」というテーマがあまりにも広く受容されていることが明らかになってきたという。つまり、自己を欲望の主体として認めつつその欲望を解釈し、それによって自己自身の真理を明るみに出すというテーマが、性に関する古い理論にも、それに反対する考え方のなかにも、同様に見いだされたということだ。そしてそのようなものとしての「欲望の解釈学」が長いキリスト教の伝統から受け継がれていることを踏まえつつ、フーコーは、そうした解釈学の系譜を辿るために時代を大きく遡る必要が生じたことを強調する。すなわち、十八世紀以降の西洋におけるセクシュアリティの経験を考察する前に、「西洋の人間が何世紀ものあいだに自分を欲望の主体と認めるようになったその仕方」をあらかじめ解明しなければならなくなったのだ、と。

性の言説化の近代的実践がキリスト教の告解の伝統を引き継ぐものであることは、第一巻『知への意志』においてすでに指摘されていた。実際、そこで掲げられていた最初の研究計画にも、いわば権力分析のための準備的な作業として、十六世紀以降のカトリックの司牧神学と悔い改めの秘跡の発展に関する考察が予告されていた。しかし、新たな探究においては、それよりもはるかに古い時代への遡行が行われることになる。すなわちそこでは、二世紀から五世紀にかけての教父たちの言説が、さらには古代ギリシア・ローマの哲学が、検討すべき対象として現れるのである。

ところで、そうした歴史的遡行は、実は、フーコーによって比較的早くから開始されていた。このことは、当時のコレージュ・ド・フランス講義のなかにはっきりと示されている。牧者の権力を中心に扱った一九七八年二月の一連の講義のなかで、フーコーは、三世紀から四世紀にかけてのキリスト教の文献を扱っている。つまり、『安全・領土・人口』講義のなかですでに、依然として権力の問題との関連においてではあるにせよ、対抗宗教改革よりもはるかに古い時代への遡行がなされているということだ。

そして一九八〇年代に入ると、そうした新たな歴史的探査が本格的に展開されるとともに、新たな問題系が明確なかたちをとって現れることになる。

すでに触れておいたとおり、『生者たちの統治』において初期キリスト教を扱った後、フーコーは、翌年度以降の一連の講義において、キリスト教とのあいだに複雑な関係を持つものとしての異教の哲学を検討すべく、ローマ帝政期へ、そこからさらに古典期ギリシアへと、一歩また一歩と時代を遡っていく。そうした探究のなかで、権力や統治といった主題に代わって前面に押し出されることになるのが、「自己の技術」をめぐる問題である。すなわち、自己が自己にはたらきかけるために用いられる技術が、古代世界においてどのように練り上げられ、変容していったのかという問いが立てられて、これに関する考察が進められることになるのである。

別のやり方で思考すること

ところで、やはり『快楽の活用』においてフーコーは、欲望する主体の系譜を辿る必要性が浮上してきたとはいえ、当初の計画どおりに研究を進めるという選択肢がなかったわけではない、と述べている。すなわち、十八世紀以降のセクシュアリティの装置に関する分析をそのまま維持しつつ、欲望する主体に関する簡単な史的検討をそれに伴わせるというやり方もあった、と。

しかし結局、フーコーは、あえてそれまで自分が慣れ親しんできた時代から大きく隔たった時代へと遡り、すべてを最初からやり直すことになる。確認してきたとおり、六〇年代そして七〇年代の彼の探究は、十八世紀末の知および権力をめぐる大変動に照準を定めて展開されてきた。したがって、そこから遠ざかることは、彼にとって大きな危険を伴う作業であった。そうした危険にもかかわらず、フーコーを新たな道へと向かわせたもの、それがまさしく、「自分自身から離脱することを可能にしてくれる」もの、別のやり方で思考する術を探ろうとするものとしての「好奇心」なのだ。

これもやはりここまでに見てきたとおり、自分自身から身を引き離し、別のやり方で考える可能性を探ろうとする努力、これこそ、六〇年代において、「考古学的」探究による人間学からの脱出のプロセスを導いていたものであり、七〇年代には、権力に関する伝統的な考えとの決別のなかに、また、権力の戦略に抗うための闘いの在り方のなかに見いだされたものであった。そして八〇年代にもやはり、研究計画の抜本的な変更が、同じままであり続けぬようにすることの希求によってもたらされたものとして示される。思考を思考自身から解放すること、新たなやり方で思考し始めることを目指しつつ、フーコーは、あえてリスクを冒し、見知らぬ領域の探索に身を投じるのである。

こうして、『性の歴史』の続巻は、もはや十八世紀以降のセクシュアリティを扱うものとしてではなく、古代世界における「欲望の解釈学」の形成を描き出そうとするものとして姿を現すことになる。では、性に関するその新たな歴史研究の成果とはいったいどのようなものだろうか。そこでは、古代文化における性の問題化をめぐって、具体的にどのようなことが明かされるのだろうか。

2 欲望する主体の系譜学——新たな『性の歴史』

『性の歴史』の再編成

『性の歴史』の第二巻以降に関してまず指摘しておきたいこと、それは、コレージュ・ド・フランス講義の展開が示唆しているとおり、フーコーによるその執筆および出版が、少々複雑な経緯を辿ってなされたということである。

一九七六年に第一巻『知への意志』が刊行された後、コレージュ講義での歴史的遡行および研究の軸の移動を経て、フーコーは、『性の歴史』に関する新たな出版計画を立てる。その計画によれば、第二巻では異教の道徳が、第三巻ではキリスト教初期が扱われることになっていた。コレージュでの研究の進展を反映したかたちで、まずは『肉の告白』と題された第三巻が執筆され、一九八二年に出版社に委ねられる。しかしその後、古代ギリシア・ローマに関する研究が深められるとともに、計画があらためて変更される。すなわち、古典期ギリシアを扱った『快楽の活用』が第二巻、ローマ帝政期を扱った『自己への配慮』が第三巻、そして『肉の告白』は第四巻として、それぞれ位置づけ直されるのである。そのうち第二巻と第三巻は、一九八四年にほぼ同時に出版される。これに対し、第四巻は、同年のフーコーの死によって校正作業が完遂されず、死後出版の禁止という著者の遺志もあって、その後も長いあいだ未刊のままにとどまることになる。しかしそれがついに、権利相続者の許可が得られ、手稿をもとにした編集作業が行われて、二〇一八年にようやく公刊されることになるのである。

こうした経緯を踏まえた上で、再編成されて世に出た『性の歴史』の内容を見ていくことにしよう。

欲望する主体の系譜を辿るために古代世界を探査するという、その新たな研究において、フーコーが強調するのは、古代ギリシア・ローマからキリスト教初期に至るまでに、性に関する規範には一定の連続性が認められる一方で、性を問題化するやり方には根本的な変化が見いだされるということである。

古代の性倫理については、従来、次のように考えられていたという。すなわち、古典期ギリシアでは性に関する自由奔放さが容認されていたのに対し、紀元一世紀から二世紀にかけての哲学者たちのうちに厳格な節制の要請が生じ、これが後のキリスト教的な性道徳を準備することになったのだ、と。

これに対してフーコーは以下のとおり異論を唱える。まず、性に対する厳格さという主題は、実は、古典期ギリシアにおいてすでに見いだされるものであるということ。次に、それでもやはり、紀元一世紀および二世紀には、性に関する考え方に大きな変容が生じるということ。そして最後に、キリスト教道徳と異教の哲学とのあいだには、形態上の類似にもかかわらず、決定的な差異があるということ。

したがって、古代世界において性を問題として扱うやり方が変化していくプロセスを、従来とは異なるかたちでとらえ直すことが必要となる。そうしたとらえ直しの作業を、フーコーは、三つの巻において順に進めていくのであり、それによって、欲望の主体と呼びうるような何かがどのようにして登場することになるのかという問いに答えようと試みるのである。

生存の美学

第二巻『快楽の活用』において、フーコーはまず、古典期ギリシアにおける性の活動が、決して全面的に自由を享受していたわけではなく、一定の節度を要請するものであったということを、身体、結婚生活、少年愛に関して当時なされた考察を検討することによって示そうとする。身体にとって、性の活動はそれ自体として危険で犠牲を伴うものであるとされ、それに制限を加えることが推奨されていた。また、結婚生活に関しては、夫婦間以外での快楽を絶つべきであるという考え方が見いだされる。そして少年愛については、成人男性における少年との肉体関係の断念という主題が知られている。このように、ギリシア人にとって、性はすでに、それをどのように使用すればよいかと問うべき道徳上の一つの問題として価値づけられていたのである。

とはいえ、そうした節制の原則を、後のキリスト教的性道徳を先取りするものとみなしつつ、両者のあいだに安易に連続性を打ち立てようとしてもならないとフーコーは言う。というのも、ギリシアにおいてその原則は、万人に対して等しく課されていたわけではなく、自分自身の生を美しいものにしたいと望む少数の人々が自分の行為を様式化するためのものであったからだ。つまりそこで問題となっていたのは、自由な成人男性が、欲望や快楽に打ち勝つことで自己を完璧に支配するとともに、他者に対して支配力を行使する力が自分に備わっているのを示すことだったのである。

実際、過度の性行為を避けるのは自分の身体への配慮のためであり、妻以外の女性と交わらないようにするのは自分自身および妻に対する支配を確固たるものとするためであり、少年愛における肉体関係の断念は少年の将来の地位に対して敬意を払いつつそこに至上の精神的価値を付与するためであった。要するに、ギリシア人にとって、性に関する節制とは、自分自身の統御というかたちで自らの自由を行使することとしての、一つの「生存の美学」を実践に移すことだったのだ。

では、ローマ帝政期の哲学は、そこにどのような新しさをもたらすことになるのだろうか。そしてそれは、いかなる点において、キリスト教的道徳とは依然として遠く隔たったままなのだろうか。

自己への専心

第三巻『自己への配慮』によってまず示されるのは、紀元一世紀および二世紀に行われた道徳的考察が、性行動をめぐる節制のより一層の厳格化によって特徴づけられるということである。ただしそれが伝統的な教えの単なる強化ではないということを、フーコーは、やはり身体、夫婦関係、少年愛という三つの領域に注目しつつ、そこに生じた変容を挙げることで示そうとする。そしてそうした変化の背景にあるものとして彼によって標定されるのが、「自己への配慮」を中心にした「生存の技法」の発達である。

すでに触れておいた通り、ギリシアにおける自己の統御の要請は、他者の統御の必要性と分かちがたく結びついていた。これに対し、ローマ帝政期になると、そうした結びつきが緩められるとともに、自己に専心すべしという原則が一般的な拡がりを獲得する。その原則のもとで、自己をめぐるさまざまな問題、すなわち、自己の依存と独立、自己と他者との絆、自己による自己の管理、自己の自己に対する完全な主権などといった問題が、極めて重要なものとなるのである。

そしてそこから、性の実践にもより積極的な注意が払われるようになり、それと同時に、性に対する不安が増大することになる。性的活動の身体への影響、夫婦生活のなかでのその役割、少年との関係におけるその価値とその困難に対してより大きな関心が生じるということ、そしてまさにそれによって、性的活動が、自己が自己とのあいだに打ち立てようとしている関係にとって極めて危険なもの、厳重な警戒や管理を要するものとして現れるということだ。

したがって、ローマ帝政期における性の問題化は、古典期ギリシアの「生存の美学」を引き継ぎながらも、自己への専心の徹底化という点において、そこからの隔たりをしるしづけている。とはいえそれを、後のキリスト教的性道徳の萌芽とみなすとすれば、それもまた正確ではあるまい。というのも、ここでもやはり問題は、性的快楽をどのように使用すればよいかということであり、自分自身の欲望をいかにして解読すべきかということではないからだ。つまり、問題となっているのは依然として、一つの実践に身を委ねるやり方であり、自分自身の奥深くに潜む秘密の探査ではないということだ。ローマ帝政期においても、古典期ギリシアにおいてそうであったのと同様、「欲望の解釈学」と呼べるようなものは徹底して不在だったのである。

欲望と主体

したがって、快楽の使用ではなく欲望の解読が問題とされるようになるのは、キリスト教道徳においてのことである。

とはいえ、フーコーによれば、最初期のキリスト教にはいまだ「欲望の解釈学」と呼びうるようなものは見いだされず、それが現れるのは、二世紀から五世紀にかけてのさまざまな変化を通じてのことであるという。ではその変化とはどのようなものであったのか。これが、『性の歴史』第四巻『肉の告白』の問いである。

自分自身の欲望を解釈しようとする企てが開始される重要な契機として、フーコーによってまず注目されるのが、三世紀末以降の修道制の発達である。

東方の修道制を西洋に伝えたことで知られる教父カッシアヌスの著作によれば、修道生活とは、従順さの原則をその根本とするものである。つまり、修道士にはまず、自分の意志を他者の意志に完全に従属させることが要請されるということだ。ではなぜ、そうした自己の意志の全面的放棄が必要となるのかと言えば、それは、自己とは常に自己を欺くものだからである。決して自己自身を頼みとしてはならないということ、自己に対しては絶えず根本的不信を抱かねばならないということだ。

そしてここから、欺かれないようにするための務めとして、自己に関する絶えざる検討と告白とが必要とされるようになる。自分自身の奥深くに隠された秘密を探査し、それを言葉として現し出すという、際限のない解釈学的任務が、このように、修道制における修練の実践において課されることになるのである。

そしてそうした一般的かつ根本的任務が、性が問題になるときにもやはり要請される。カッシアヌスにとって、性をめぐる悪徳は、両性のあいだの実際の肉体的交わりよりもはるかに、一人の個人の身体および魂にかかわるものである。したがって、修道士にとって問題となるのは、他者とのあいだの許されざる行為ないし禁じられた関係を差し控えることではない。そうではなくて、問題は、自分の意志が、自分を襲うイメージや記憶といった非意志的な動きに決して巻き込まれないようにすること、そしてそのようにして、自分のうちに情欲が生じないようにすることなのだ。

こうして、意志を誘惑する非意志的な動きを意志から遠ざけるために、自分自身に対する絶え間のない警戒が要請されることになる。昼夜を問わず自分自身の身体と魂を監視し、自身を誘惑しようとする敵をそこに識別してそれを追い立てなければならないのだ。自身のうちで芽生えつつあるほんのわずかの欲望をも摘み出すべく、自己を不断に検討し、自己の奥底に秘められたものを言葉によって現し出すことが求められるのである。

カッシアヌスはこのように、情欲を生じさせるものとしての非意志的な動きを、意志を襲う他者として、自己にとって闘うべき敵としてとらえつつ、自己に関する解釈学的作業の必要性を説く。これに対し、情欲を主体の構造の一部をなすものとしてとらえ、それによって、欲望のなかに我々自身の真理を探ろうとする企てにその端緒を与えることになるのが、聖アウグスティヌスである。

性的欲望に関するアウグスティヌスの理論の出発点にあるのは、堕罪以前の性行為の可能性をめぐる以下のような聖書釈義である。

男女間の性的関係は楽園においてすでに可能であったのだろう。ただしそれは、完全に意志による統御によってなされうるものであり、男性器はそこで、いわば種をまく手と同じ役割を果たしえたのだろう。しかしアダムとエバによって犯された最初の罪とともに、人間の身体および魂のなかに、人間自身の意志の自由にならぬもの、非意志的なものが侵入したのであり、これによって性行為は今や恥ずべきものとなってしまったのだ。

こうした釈義を掲げつつ、アウグスティヌスは、神の意志への反抗に対する罰のようなものとして人間に課されるその非意志的なものこそ、「リビドー」すなわち情欲なのだと言う。ただしそれは、カッシアヌスにとっての情欲とは異なり、意志の外から意志を襲う敵によってもたらされるものではない。アウグスティヌスにとってのリビドーは、自分自身に執着して神に逆らう最初の二人の人間の「魂の動き」に由来するものである以上、人間の意志と根源的に不可分のものなのだ。

そしてまさにここから、性に関する西洋の思考にとっての重大な帰結が生じることになるとフーコーは言う。つまり、情欲が、「魂を一つの主体となすもの」としての意志と切り離しえぬものとされることによって、情欲と主体の構造とのあいだに根本的な結びつきが見いだされるようになるということだ。性的欲望の真理が、こうして、人間主体の真理を明かすための手がかりとして役立ちうるものとみなされることになる。自らの欲望を解釈し、そこに自らの真理を解読しようという企ての可能性が開かれるのである。

一方では、欲望が不断の警戒および分析の対象とされるようになるということ。そして他方では、欲望と主体との根源的な関係が打ち立てられるということ。『性の歴史』第四巻においてフーコーは、このように、キリスト教においても当初は不在であった「欲望の解釈学」という企てが、四世紀から五世紀にかけての教父たちの言説のなかで輪郭を現すさまを描き出す。西洋の人間が自分を欲望の主体と認め、その欲望に問いかけることで自分自身の真理を明らかにしようとするに至るまでの系譜を辿るという、新たな『性の歴史』の目的が、こうして果たされるのである。

3　自己の技術――晩年のコレージュ・ド・フランス講義

自己への配慮と自己認識

ところで、そもそもフーコーが大きく時代を遡ることになったのは、十八世紀以降の西洋におけるセクシュアリティの経験を考察するためにそれが必要であると思われたからであった。つまり、性に関する歴史研究は、欲望する主体の系譜を描き出したことで完結したわけではないということだ。実際、『肉の告白』には、それを引き継いでなされるべき研究への言及が見いだされるし、一九八三年のある対談によれば、十六世紀の性道徳に関する書物がすでに準備されていたという(『思考集成』326)。

しかし、その同じ対談においてフーコーは、性をめぐる実践の異教文化からキリスト教文化にかけての変遷を辿るなかで、その背景として古代世界に見いだされたものの方がより強く自分の関心を引くようになってきたと語っている。すなわち、今の自分にとって重要なのは「自己の技術」の問題なのであり、それに対して「性は退屈きわまりないものだ」、と。

実際、八〇年代の彼のコレージュ・ド・フランス講義に目を向けてみるなら、そこに見いだされるのは確かに、性の問題に対して一定の距離を保ちつつ、自己の自己に対する実践の歴史的変容をめぐって展開された探究である。性に関する歴史研究を継続すべくあらためて時代を下ろうとする代わりに、フーコーは結局、その最晩年に至るまで、古代世界の探索に専心することになるのである。

そしてそのような探究のなかで主要な論点として浮上するのが、「汝自身を知れ」という命令によって知られる自己認識のテーマと、「自己への配慮」という、フーコーがやはり古代文化のなかに標定するもう一つの重要なテーマとの関係である。

デルポイの神殿に掲げられていた「汝自身を知れ」という格言は、一般に、現在も存続している自己認識の企ての起源にあるものとみなされてきた。その格言を、古代世界における自己の技術の歴史的変遷との関連において検討してみるとき、それと分かちがたいものとして見いだされるのが、自己を気遣うべしというより根本的な原則であるとフーコーは言う。そして彼は、自己に配慮しつつ自己にはたらきかけるやり方と、自己と真理との関係を問うやり方とが、古典期ギリシアから帝政期ローマを経て初期キリスト教に至るまで互いに強く結びついたかたちで変容していくことを指摘しつつ、そうした変容がいかなるものであったのかということを、自己の技術をめぐる歴史的探査のなかで描き出そうとするのである。

コレージュ・ド・フランス講義において試行錯誤とともに展開されるフーコーのその探究を、それを時代順に並べ直して要約している一九八二年の講演「自己の技法」(『思考集成』363)も参照しつつ、以下、簡略に辿ってみよう。

自己と真理

まず、ギリシアにおける「汝自身を知れ」という命令と「自己への配慮」の原則との関係をはっきりと示しているものとして、フーコーはプラトンの対話篇『アルキビアデス』を挙げる。これから政治生活を開始しようとしている若者アルキビアデスとの対話において、ソクラテスは、他者に対して支配力を行使したいと望むのであればまず自分自身に配慮せよ、と説く。そしてその問答法の展開のなかで、では配慮するとはどういうことか、また配慮すべきその自分自身とはいったい何か、という問いへと導かれて、そこから最終的に、自己への配慮は、魂としての自己の本性そのものを知ることに帰着させられるのである。

もっともこれは、「汝自身を知れ」という命令のもとで、自己の奥底に隠された自己自身の秘密を明るみに出すことが目指されるということではない。魂の本質を把握すること、それは、プラトン哲学においては、魂がかつてすでに知っていたことを思い出すことである。つまり問題は、魂が神的なものとかかわりを持っていたときに獲得した真理、しかし現実世界において身体と結びつくことで忘れ去られてしまったその真理を、記憶の底から呼び起こすことなのだ。

次に、ローマ帝政期には、自己への配慮が一般化され、強化されて、いわば自己目的化されることになる。つまり、すでに見てきたとおり、もはや他者に対して支配力を行使することができるようになるための条件として自己への気遣いが要請されるのではなく、もっぱら自己自身のために自己に専心しなければならなくなるということだ。

そしてそうした自分自身への「立ち返り」とともに、主体と真理とのあいだに新たな関係が結ばれることになる。それを顕著なやり方で示しているのが、とりわけストア派を中心として生まれることになる以下のような実践である。真理を獲得するために師の言葉に耳を傾けること。そのようにして学んだ真理を自分自身の行動のための原則とすること。そして自分が確かにそうした原則に従って行動しているかどうかを、「自己の検討」ないし「良心の検討」と呼ばれる実践によって日々検討すること。

したがって、真理はもはや、自らがかつて知っていたもの、思い出すべきものではない。完全な自己統御のために必要とされる真理とは、自分の外から獲得し、同化して、自らの行動の規則とすべきものである。自分が知らなかった真理を自分のものとすること、そしてそれを日々思い起こし、絶えず活性化し直すことが必要とされるのである。

最後に、キリスト教初期について。修道制の発達のなかで、自己に関する解釈学的作業が要請されるようになるということについては、これもすでに触れておいたとおりである。ここでもやはり「自己の検討」がなされるわけだが、これはもちろん、自分が外から獲得した真理を検証しようとするものではない。そうではなくて、それは、自己自身に対する根本的不信のもとで、自分の奥底に秘められた真理を絶えず狩り出そうとするものなのだ。

そして、そのようなものとしてのキリスト教的な自己の検討は、その目的においても、ストア派的な検討と大きく異なる。つまり、それによって目指されるのは、自己の統御を確固たるものとすることではなく、逆に、自己を捨て去ること、他者への服従に身を委ねることなのだ。自分自身の奥底に潜む真理を解読しなければならないのは、その罪深い真理を廃棄して、絶対的従順に達するためであるということ。修道生活のなかで自己が自己に対して行う実践は、したがって、自己の放棄のための終わりのない作業というかたちをとることになるのである。

かつて自分の魂が知っていた真理を思い出すべく自己に配慮すること。真理を外から学びそれを自分のものとすることによって自己をよりよく支配すること。自己を捨て去るために自己の秘められた真理を絶え間なく解読すること。自己と真理との関係と、自己を気遣うやり方とが、古代世界においてこのように相関的なやり方で変化していくのだということを、フーコーはその八〇年代の探究のなかで示そうとするのである。

そしてそうした探究を進めていくなかで、フーコーは一つの概念に出会うことになる。一九八一―八二年度のコレージュ講義『主体の解釈学』に初めて登場し、翌年度の『自己と他者の統治』および翌々年度の『真理の勇気』では中心的主題として扱われることになる概念、それが、「パレーシア」である。

パレーシア

パレーシアとは、「率直な語り」という意味を持つギリシア語である。語源的に「すべてを語ること」を意味し、古代ギリシアから初期キリスト教にかけて大きく変遷したとされるこのパレーシア概念について、フーコーは、それがどのようにして自分の前に現れたのかということを、一九八四年の『真理の勇気』初回講義において次のように語っている。

自己が自己自身に関して真理を語るという実践について探究を進めていくなかで、そうした実践が、それに耳を傾ける他者の助けを必要としていたことが明らかになってきた。そしてそのように補助者ないしパートナーの役割を果たすために、その他者にとって必要とされていた資格こそがまさしく、相手に対し勇気をもって率直に語ることとしてのパレーシアだったのだ、と。

そしてフーコーは、パレーシアに関する分析が、古代世界における自己の技術の変遷に関する探究のために役立つばかりでなく、現代の我々にまで至る一つの伝統を問い直すためにも有用であるとみなす。というのも、主体が自らの真理を他者に対して語る、という実践は、西洋において、告解する者と聴罪司祭、患者と精神分析医などといったカップルのあいだで後に組織化され発達することになるものであるからだ。つまり、パレーシアについて、さらにはそれを用いることのできる人物としてのパレーシアステースについて研究することは、そのように長きにわたって続けられてきた実践に関して、その前史を問うものとして価値づけられうるであろう、というわけだ。

こうして、最晩年のフーコーのコレージュ講義が、パレーシア概念に関する探究に捧げられることになる。この概念がギリシアにおいてまず政治的実践の領野において現れるということ、そしてそれが後に個人の倫理や道徳的主体の構成にかかわるものへと向きを変えるということを順に示した後、一九八四年三月の講義においてフーコーがとくに長い時間をかけて検討することになるのが、キュニコス派(犬儒派)のパレーシアである。

キュニコス派は、ぼろ布をまとい大甕を住処としていたとされるシノペのディオゲネスに象徴されるとおり、社会的規範を軽視しつつ自然に従う「犬のような生(キュニコス・ビオス)」を送った人々として知られている。そのキュニコス派を、自らのスキャンダラスな生き方そのものによって真実を率直なやり方で現し出そうとした人々として特徴づけながら、フーコーが主張するのは、そうしたキュニコス主義的パレーシアに関する分析が、異教的なものとキリスト教的なものとの関係をあらためて問い直すために役立つであろうということである。

自己の技術に関するそれまでのフーコーの研究のなかで、異教とキリスト教とのあいだに見いだされたのは、自己の自己による支配の原則と、自己の放棄の原則という、二つの原則のあいだの根本的な対立であった。キュニコス派のパレーシアは、いわば、それらの中間的ないし媒介的形象を構成するものとして現れる。つまり、キュニコス主義には、ギリシア的な自己への配慮とキリスト教的な忍耐や禁欲という二つの側面が同時に見いだされるということ、したがって、これを検討することによって、一方から他方への移行がどのようにして起こるのかを考える新たな手がかりが得られるということだ。

そしてフーコーは、キュニコス派に関する検討を終えた後、一九八四年三月二十八日に行われた最終回の講義において、キリスト教的な自己の実践の登場をパレーシアという語の語義の変遷と関連づけながら考察することこそが、今後の自らの研究課題であると述べることになる。古典期ギリシアからキリスト教初期に至るまでに自己の技術がどのように変化したのかという問いが、パレーシア概念を手がかりとしてあらためて問い直されるということ。要するに、フーコーは結局、彼の死によって中断されることになるその最後の研究計画に至るまで、古代世界にとどまり、自己と自己との関係をめぐる探究に専心し続けるのである。

七〇年代後半から八〇年代にかけてのさまざまな事件は、おそらくフーコーに何らかの作用を及ぼしたであろうし、思考や行動のための多くの材料を与えることにもなっただろう。しかし、近代から古代へ、権力から自己へという新たな移動は、それを彼自身の言明、『性の歴史』続巻の内容、さらにはコレージュ・ド・フランス講義の展開に照らして検討してみるとき、彼の研究活動の内部において一定の必然性とともに生じたものとして現れる。彼が語っているとおり、八〇年代の歴史的遡行の出発点に見いだされるのは、確かに、欲望する主体の系譜を辿るという目的である。そして、性をめぐる新たな歴史研究は、まさしく、そのような系譜学的調査として自らを示しているのである。

ただし晩年のフーコーは、性をめぐる系譜学的探究を時代を下りつつ続行する代わりに、古代世界にとどまり、自己の技術およびその変化をめぐる分析に専心することになる。「生存の美学」や「自己への配慮」、さらには「自己の放棄」に対置されるものとしての「自己の統御」といった、古代文化のなかに見いだされたいくつかのテーマに彼が強く惹きつけられたということにおそらく間違いはあるまい。しかし、それらのテーマに関するフーコーの分析は、これもやはり、彼の歴史研究の展開のなかに明確に位置づけられるべきものであり、現在の我々のための新たな倫理の提唱として価値づけられうるものではない。

フーコーによる歴史への問いかけは、確かに、思考を思考自身から解き放そうとする哲学的努力を含意するものとして、我々に対し、現在を別のやり方で考えるための貴重な材料ないし道具を提供してくれる。しかしそれは決して、過去の問題に対して過去に出された回答をそのまま現在の別の問題のために適用しようとするものではないし、ましてやそれを我々に説き勧めようとするものでもない。フーコーの言う「思考の思考自身に対する批判作業」は、我々に価値の規範や行動の指針を与えようとする預言者的な任務とは徹底して無縁のものなのだ。

哲学的言説が、他の人々に対して外から法を課そうとしたり、彼らのための真実を見つけてやることができるとうそぶいたりするとき、そこには嘲弄すべき何かがある。自らにとっての「好奇心」を定義しつつ、『快楽の活用』の序論においてフーコーはこのようにはっきりと語っていたのだった。

終章　主体と真理

同じままであり続けぬこと、別の仕方で思考することを目指すものとしてのフーコーの哲学的活動とはいかなるものであるのかを描き出すべく、本書では、一九六〇年代から一九八〇年代までの彼の著作を、歴史研究による自明性の問題化と、研究の軸および内容の絶えざる変化という、その二つの側面に注目しながら読み解いてきた。

まず、フーコーによる歴史への問いかけが、我々にとって自明であると思われていることを問い直し、それを新たなやり方で考える可能性を開こうとするものであるということについて。このことは、彼のそれぞれの著作によって、はっきりとしたやり方で示されている。

狂気が全面的に精神の病として定義されるようになったのは、主に監禁制度の創設およびその解体といった社会的出来事との関連においてであるということ。病理解剖学に依拠する実証的な医学が成立したのは、可視性の形態および死の概念が変化したからであるということ。「人間とは何か」という問いに比類のない特権が与えられるようになったのは、西洋の認識論的布置が根本的に変容したためであるということ。身体刑から監獄へという刑罰制度の変容は、権力形態の根本的変化によってもたらされたものであるということ。性についてかくも多くのことが語られてきたのは、人々の生に介入することを目指す近代的権力にとって、性が特権的な標的を構成しているからであるということ。自分の欲望のうちに自分自身の真理を読み解こうという企ては、初期キリスト教の教父たちの言説に生じた変化のなかにその端緒を見いだすことができるということ。こうしたことを明らかにしつつ、フーコーの歴史研究は、我々の現在を差異として浮かび上がらせるとともに、思考を新たに再開するための手がかりを我々に差し出すのである。

次に、フーコーの研究にたびたび生じる変化というもう一つの側面について。

一九六〇年代の彼の「考古学的」探究の全体は、五〇年代に彼自身が帰属していた人間学的思考の地平から身を引き離すためのプロセスとして特徴づけられる。次いで七〇年代には、知の軸から権力の軸への移行、さらには、権力のネガティヴな側面からポジティヴな側面への視点の移動が生じる。そして八〇年代には、自分自身からの離脱へと誘うものとしての「好奇心」に導かれて、自己の技術という新たな軸のもとで古代世界への遡行が行われる。現在を別のやり方で考える術を我々に提供してくれるものとしてのフーコーの哲学的歴史研究は、このように、次々に異なるかたちをとって展開されるそのやり方においてもまた、自分自身から絶えず身を引き離そうとするもの、自分自身を不断に変化させようとするものとして現れるのである。

そして、フーコーの研究活動を特徴づける以上の二つの側面に焦点を定めた考察を進めるなかで、浮かび上がってきたものがある。やはり彼の研究全体を貫くものとして見いだすことのできるそのもう一つの特徴、もう一つの側面とはすなわち、主体と真理との関係の問題化である。

とくに晩年の対談のなかで、フーコーは、主体こそが常に自分の大きな関心事であった、とたびたび口にしている。実際、主体と真理との関係の問題化は、彼において常に、自己からの絶えざる離脱を導くものとして、そしてそれと同時に、そうした離脱によって絶えず刷新されるものとして現れる。

まず、六〇年代において、フーコーがかつての自分自身からの脱出を企てる際、告発されるのはまさしく、主体と真理との特定の結びつきを想定するものとしての人間学的思考である。次に、七〇年代に開始される権力分析においては、主体と真理とのそうした人間学的な軛が、権力による「従属化」の作用としてとらえ直されるとともに、その軛から逃れようとする企てが権力に対する抵抗として価値づけられることになる。そして最後に、八〇年代には、主体と真理との関係をめぐる問題を新たなやり方で問い直すためにこそ、時代を大きく遡り、古代世界における自己の実践が探査されることになるのである。

一九八〇年にニューヨークで行われた講演のなかで、フーコーは次のように語っている。第二次大戦前から戦後にかけて、ヨーロッパの哲学は、主体をあらゆる知の基礎とみなそうとするものとしての主体の哲学によって支配されていた。そうした支配から脱するためにこそ、自分は、近代的主体についての系譜学的研究を進めてきたのだ、と（『思考集成』295）。自明性を問い直し、自分自身から身を引き離そうとするものとしてのフーコーの哲学的活動は、何よりもまず、「主体の学」からの離脱の企てとして開始されたのであるということ。そしてその問題化、その企てが、知、権力、自己との関係という三つの軸のそれぞれにおいてそのかたちを変えながら、彼の研究活動全体を絶えず導いているのである。

顔を持たぬための、同じままであり続けぬためのフーコーの哲学とは、したがって、自分自身の現在において真であるとして受け入れられていることを絶えず試練にかけるものであり、自分自身に安住するよりも危険を冒して変化し続けようとするものであり、自分自身が真理と結ばれるやり方を絶えず問い直すものである。

哲学に対し、思考や行動のための揺るがぬ原則や確実な処方を求める人々には、フーコーの書物はおそらく、不安をかき立てるだけのもの、決して期待に応えてくれぬものでしかあるまい。しかし逆に、そうした原則や処方を我々に課そうとする言説を前に居心地の悪さを感じたり、そのような言説の氾濫に苛立ちを感じたりしている人々にとって、フーコーは、読書という実践を愉しくも困難な鍛錬としてくれる稀少な著者のうちの一人として現れるだろう。

書くことと同様、読むことは、自分自身からの脱出のための主要な契機である。読書という体験がかけがえのないものとなるのは、自分がすでに持っている知識に新たな知識を上積みしたり、ましてや自分がすでに考えていたことを再び見いだして安心したりするときではなく、自分の見知らぬ世界が開かれて目がくらむときであり、自分に馴染みのない思考に巻き込まれて途方に暮れるときであるということを、フーコーの書物はあらためて我々に思い出させてくれるのだ。

あとがき

岩波新書からフーコーの入門書を、という話をいただいたのは、『フーコーの言説』(筑摩選書、既刊)の執筆を進めていたとき、というよりもむしろ、執筆がなかなか進まず停滞していたときであった。そのような状態でありながら新たな仕事を引き受けることに多少の不安を感じたものの、最終的にはそのおかげで、ともに一般の読者に向けられた二つの書物を、それぞれにはっきりと異なる役割を与えつつ書き分けることができた。

まず、『フーコーの言説』の方は、フーコーをあらためて読み直すという企図のもとに書かれたものである。何らかのかたちでフーコーの著作ないしフーコー的な考え方に触れたことのある読者を念頭に置きながら、彼の死から三十余年を経た今日において可能な一つの読み方を提示するために、テクストを引用して出典を明記し、オーソドックスなやり方での論述を試みた。

これに対し、本書『ミシェル・フーコー』はもっぱら、これからフーコーを読み始めようとしている人々に向けられたものである。フーコーが書いたこと、語ったことを、彼の主著を中心にして簡潔に紹介するとともに、時代背景や評伝的情報といった、読解のために役立つと思われるいくつかの事実にも触れてある。加えて、略年譜と参考文献表を巻末に置くなど、フーコーの手前で立ち止まっている人々が歩を前に進めるための手助けとなることができるよう心を配った。

本書が、そうした自らの任務を実際に果たすことができているとしたら、それはまず、岩波書店の中山永基氏による数多くの助言のおかげである。執筆の機会を与えていただいたこととあわせて、厚く御礼申し上げたい。

そしてまた、大学での筆者の講義やゼミにかつて参加してくれた方々、そして現在参加してくれている方々に対しても、ここに感謝の意を表したい。フーコーに初めて出会う人に興味を持ってもらい理解してもらうにはどのようにすればよいかと考え、それを実際に言葉として発する作業を、二十年以上にわたってほぼ毎年続けてこられたことが、本書を根底において支えている。

とはいえ、本書が果たしうるのはあくまでも、門の手前にいる読者を門のなかにいざなうという役割にすぎない。したがって、いかなる意味においてもここは足を止めるべき場所ではない。本書を読み終えるやいなや、読者がただちに門をくぐり、フーコー自身の言葉に耳を傾けるべく駆け出すことを切に願う。

二〇一九年八月二十一日

慎改康之

略年譜

この略年譜は，主に，『ミシェル・フーコー思考集成I』所収のダニエル・ドゥフェールによる「年譜」を準拠として作成された．

西暦	フーコーに関する出来事	同時代の出来事
1926	ポワチエにて誕生	
1945	パリ高等師範学校の入学試験に不合格，パリのアンリ4世校準備学級に入学	第二次世界大戦終結 メルロ＝ポンティ『知覚の現象学』刊行
1946	パリ高等師範学校入学	サルトル『実存主義はヒューマニズムである』刊行
1947		メルロ＝ポンティが高等師範学校の心理学担当復習教師となる
1948	哲学学士号を取得 自殺未遂	
1949	心理学学士号を取得	メルロ＝ポンティがソルボンヌ大学の心理学教授となる
1950	共産党に入党 再び自殺未遂 大学教授資格試験に失敗	
1951	大学教授資格試験に合格 高等師範学校の心理学担当復習教師となる	
1952	精神病理学修了証を取得 リール大学文学部の心理学助手となる 共産党を離党	
1953	実験心理学修了証を取得	

略年譜

西暦	フーコーに関する出来事	同時代の出来事
1954	『精神疾患とパーソナリティ』刊行 ビンスワンガー『夢と実存』のフランス語訳刊行(翻訳作業に協力し，序論を執筆)	
1955	ウプサラに赴任	
1958	ワルシャワに赴任	
1959	ハンブルクに赴任	
1960	クレルモン＝フェラン大学准教授に就任	
1961	主論文『狂気の歴史』(当初のタイトルは『狂気と非理性　古典主義時代における狂気の歴史』)および副論文「カントの『人間学』」(序論，翻訳，註解)によって，博士号取得	
1962	『精神疾患と心理学』(『精神疾患とパーソナリティ』を全面的に書き換えて再版されたもの)刊行	ドゥルーズ『ニーチェと哲学』刊行 フッサール『幾何学の起源』のデリダによるフランス語訳刊行 レヴィ＝ストロース『野生の思考』刊行
1963	『臨床医学の誕生』刊行 『レーモン・ルーセル』刊行	デリダによる『狂気の歴史』をめぐる講演
1964	『狂気の歴史』縮約版刊行 カント『人間学』のフランス語訳刊行	メルロ＝ポンティ『見えるものと見えないもの』刊行

西暦	フーコーに関する出来事	同時代の出来事
1965		アルチュセール『マルクスのために』刊行 リクール『フロイトを読む』刊行
1966	『言葉と物』刊行 チュニス大学に派遣される	ラカン『エクリ』刊行 バルト『批評と真実』刊行 『アルク』誌サルトル特集号刊行
1967		デリダ『エクリチュールと差異』刊行
1968	チュニス大学での学生運動を支援 ヴァンセンヌ大学実験センター哲学教授に任命される	五月革命勃発
1969	ヴァンセンヌ大学での紛争に参加 『知の考古学』刊行	
1970	初来日 コレージュ・ド・フランス教授に就任，開講講義を行う	
1971	GIP(監獄情報グループ)の創設 『言説の領界』刊行	
1972	『臨床医学の誕生』第二版の刊行(大幅な書き直しが施される) 『狂気の歴史』再版(序文が削除され，二つの論文が付加される) GIP 解散	

略年譜

西暦	フーコーに関する出来事	同時代の出来事
1973	『ピエール・リヴィエール』刊行 『これはパイプではない』刊行	
1975	『監獄の誕生』(原題は *Surveiller et Punir*(『監視することと処罰すること』))刊行 カリフォルニアを旅行し，デスヴァレーにてLSDを体験 スペインのフランコ体制に対する抗議活動	
1976	『性の歴史』第1巻『知への意志』刊行	
1977	ドイツ人弁護士クラウス・クロワッサンのための支援活動	
1978	二度目の来日 自宅前で車にはねられて数日間の入院 テヘランを訪問し，帰国後に数編の記事を書く	イラン革命勃発
1979		イラン新体制の成立，反体制派の処刑
1981	ボート・ピープルのための支援活動 社会党政府のポーランドへの不介入に対する抗議声明	フランソワ・ミッテランが大統領に選出，社会党政権の誕生
1984	『性の歴史』第2巻『快楽の活用』，第3巻『自己への配慮』刊行 パリにて死去	

参考文献

1　フーコーの著作

『精神疾患とパーソナリティ』中山元訳，筑摩書房，1997 年.
『精神疾患と心理学』神谷美恵子訳，みすず書房，2016 年.
『狂気の歴史』田村俶訳，新潮社，1975 年.
『カントの人間学』王寺賢太訳，新潮社，2010 年.
『臨床医学の誕生』神谷美恵子訳，みすず書房，2011 年.
『レーモン・ルーセル』豊崎光一訳，法政大学出版局，1975 年.
『言葉と物』渡辺一民，佐々木明訳，新潮社，1974 年.
『知の考古学』慎改康之訳，河出書房新社，2012 年.
『言説の領界』慎改康之訳，河出書房新社，2014 年.
『監獄の誕生』田村俶訳，新潮社，1977 年.
『性の歴史』
　第 1 巻：『知への意志』渡辺守章訳，新潮社，1986 年.
　第 2 巻：『快楽の活用』田村俶訳，新潮社，1986 年.
　第 3 巻：『自己への配慮』田村俶訳，新潮社，1987 年.
　第 4 巻：*Les aveux de la chair*, Paris, Gallimard, 2018.
『これはパイプではない』豊崎光一，清水正訳，哲学書房，1986 年.
『マネの絵画』阿部崇訳，筑摩書房，2019 年.
『ミシェル・フーコー思考集成』蓮實重彥，渡辺守章監修，筑摩書房，1998-2002 年(全 10 巻．本文中の(　)内には『思考集成』と略記し，続けて収録テクストに付された通し番号を記してある).
『ミシェル・フーコー講義集成』廣瀬浩司，慎改康之他訳，筑摩書房，2002-(刊行中).

2　その他の著作

アルチュセール，L.『マルクスのために』河野健二他訳，平凡社，1994年.

ヴェーヌ，P.『フーコー　その人その思想』慎改康之訳，筑摩書房，2010年.

エリボン，D.『ミシェル・フーコー伝』田村俶訳，新潮社，1991年.

カント，I.『純粋理性批判』(カント全集第4-6巻)，有福孝岳，久呉高之訳，岩波書店，2001-2006年.

――『実践理性批判；人倫の形而上学の基礎づけ』(カント全集第7巻)，坂部恵他訳，岩波書店，2000年.

――『判断力批判』(カント全集第8-9巻)，牧野英二訳，岩波書店，1999-2000年.

――『論理学；教育学』(カント全集第17巻)，湯浅正彦他訳，岩波書店，2001年.

サルトル，J.-P.『実存主義とは何か』伊吹武彦他訳，人文書院，1996年.

――『サルトルと構造主義』平井啓之訳，竹内書店，1968年.

デカルト，R.『省察』山田弘明訳，筑摩書房，2006年.

デリダ，J.『エクリチュールと差異』合田正人，谷口博史訳，法政大学出版局，2013年.

ドゥルーズ，G.『ニーチェと哲学』江川隆男訳，河出書房新社，2008年.

――『フーコー』宇野邦一訳，河出書房新社，2007年.

ドッス，F.『構造主義の歴史』上巻，清水正，佐山一訳，国文社，1999年.

――『構造主義の歴史』下巻，仲澤紀雄訳，国文社，1999年.

ニーチェ，F.W.『悲劇の誕生；遺された著作1870-1872』(ニーチェ全集第1期第1巻)，浅井真男，西尾幹二訳，白水社，1979年.

ハイデガー，M.『存在と時間』高田珠樹訳，作品社，2013 年.
――『カントと形而上学の問題』(ハイデッガー全集第 3 巻)，門脇卓爾，ハルトムート・ブフナー訳，創文社，2003 年.
ハルプリン，D.『聖フーコー』村山敏勝訳，太田出版，1997 年.
ビンスワンガー，L.『夢と実存』荻野恒一他訳，みすず書房，2001 年.
フッサール，E.『幾何学の起源 新装版』田島節夫他訳，青土社，2014 年.
――『論理学研究 2』立松弘孝他訳，みすず書房，2015 年.
プラトン『アルキビアデス；クレイトポン』三嶋輝夫訳，講談社，2017 年.
ミラー，J.『ミシェル・フーコー　情熱と受苦』田村俶他訳，筑摩書房，1998 年.
メルロ＝ポンティ，M.『知覚の現象学』中島盛夫訳，法政大学出版局，2015 年.
――『見えるものと見えないもの』滝浦静雄，木田元訳，みすず書房，2017 年.
モンテーニュ，M. de『エセー』宮下志朗訳，白水社，2005-2016 年(全 7 巻).
リクール，P.『フロイトを読む』久米博訳，新曜社，2005 年.
レヴィ＝ストロース，C.『野生の思考』大橋保夫訳，みすず書房，1976 年.
レリス，M.『レーモン・ルーセル　無垢な人』岡谷公二訳，ペヨトル工房，1991 年.

慎改康之

1966年，長崎県生まれ．東京大学大学院総合文化研究科地域文化研究専攻博士課程中途退学．フランス社会科学高等研究院(EHESS)博士課程修了．
現在—明治学院大学文学部フランス文学科教授
専攻—20世紀フランス思想
著書—『フーコーの言説——〈自分自身〉であり続けないために』(筑摩選書)，『現代フランス哲学に学ぶ』(共著，放送大学教育振興会)など
訳書—ミシェル・フーコー『言説の領界』『知の考古学』(河出文庫)，『ミシェル・フーコー講義集成』1・4・5・8・13(筑摩書房)など

ミシェル・フーコー——自己から脱け出すための哲学
岩波新書(新赤版)1802

2019年10月18日　第1刷発行
2025年 4 月15日　第6刷発行

著　者　慎改康之《しんかいやすゆき》

発行者　坂本政謙

発行所　株式会社 岩波書店
〒101-8002 東京都千代田区一ツ橋 2-5-5
案内 03-5210-4000　営業部 03-5210-4111
https://www.iwanami.co.jp/

新書編集部 03-5210-4054
https://www.iwanami.co.jp/sin/

印刷・三秀舎　カバー・半七印刷　製本・牧製本

ISBN 978-4-00-431802-6　　Printed in Japan

岩波新書新赤版一〇〇〇点に際して

ひとつの時代が終わったと言われて久しい。だが、その先にいかなる時代を展望するのか、私たちはその輪郭すら描きえていない。二〇世紀から持ち越した課題の多くは、未だ解決の緒を見つけることのできないままであり、二一世紀が新たに招きよせた問題も少なくない。グローバル資本主義の浸透、憎悪の連鎖、暴力の応酬――世界は混沌として深い不安の只中にある。

現代社会においては変化が常態となり、速さと新しさに絶対的な価値が与えられた。消費社会の深化と情報技術の革命は、種々の境界を無くし、人々の生活やコミュニケーションの様式を根底から変容させてきた。ライフスタイルは多様化し、一面では個人の生き方をそれぞれが選びとる時代が始まっている。同時に、新たな格差が生まれ、様々な次元での亀裂や分断が深まっている。社会や歴史に対する意識が揺らぎ、普遍的な理念に対する根本的な懐疑や、現実を変えることへの無力感がひそかに根を張りつつある。そして生きることに誰もが困難を覚える時代が到来している。

しかし、日常生活のそれぞれの場で、自由と民主主義を獲得し実践することを通じて、私たち自身がそうした閉塞を乗り超え、希望の時代の幕開けを告げてゆくことは不可能ではあるまい。そのために、いま求められていること――それは、個と個の間で開かれた対話を積み重ねながら、人間らしく生きることの条件について一人ひとりが粘り強く思考することではないか。その営みの糧となるものが、教養に外ならないと私たちは考える。歴史とは何か、よく生きるとはいかなることか、世界そして人間はどこへ向かうべきなのか――こうした根源的な問いとの格闘が、文化と知の厚みを作り出し、個人と社会を支える基盤としての教養となった。まさにそのような教養への道案内こそ、岩波新書が創刊以来、追求してきたことである。

岩波新書は、日中戦争下の一九三八年一一月に赤版として創刊された。創刊の辞は、道義の精神に則らない日本の行動を憂慮し、批判的精神と良心的行動の欠如を戒めつつ、現代人の現代的教養を刊行の目的とする、と謳っている。以後、青版、黄版、新赤版と装いを改めながら、合計二五〇〇点余りを世に問うてきた。そして、いままた新赤版が一〇〇〇点を迎えたのを機に、人間の理性と良心への信頼を再確認し、それに裏打ちされた文化を培っていく決意を込めて、新しい装丁のもとに再出発したいと思う。一冊一冊から吹き出す新風が一人でも多くの読者の許に届くこと、そして希望ある時代への想像力を豊かにかき立てることを切に願う。

（二〇〇六年四月）